VILLE DE HANOI
(TONKIN)

Historique, Développement financier,
Règlementation administrative et
Fonctionnement des divers services municipaux
de la Ville de Hanoi

HANOI
Imprimerie G. TAUPIN & Cie
—1905—

RÉPUBLIQUE FRANÇAISE

LIBERTÉ. — EGALITÉ. — FRATERNITÉ

M. EMILE LOUBET, G. C. ✳

Président de la République Française, Elu pour sept ans dans la séance de l'Assemblée nationale tenue à Versailles du 18 Février 1899.

M. CLÉMENTEL Etienne.

Député du Puy de Dôme, Ministre des Colonies.

Gouvernement Général de l'Indo-chine

(Décret du 21 avril 1891)

M. BEAU, Paul O. ✳
Ministre Plénipotentiaire
Gouverneur Général de l'Indo-Chine

M. BRONI Stanislas O. ✳
Secrétaire Général de l'Indo-Chine

M. FOURÈS (Julien) O. ✳
Résident Supérieur au Tonkin

M. GAUTRET Fernand ✳
Maire de Hanoi

Liste chronologique

des Gouverneurs Généraux depuis l'organisation de l'Indo-Chine française (17 octobre 1887) des chargés d'affaires, Commandants en chef investis des pouvoirs civils et militaires depuis le traité du 15 mars 1874, des Résidents généraux de la République Française en Annam et au Tonkin.

MM. RHEINART, chargé d'affaires à Hué, du 30 juillet 1875 au 13 décembre 1876.

PHILASTRE, chargé d'affaires à Hué, du 14 décembre 1876 au 2 juillet 1879;

MM. RHEINART, chargé d'affaires à Hué, du 3 juillet 1879 au 5 Octobre 1880.

de CHAMPEAUX chargé d'affaires à Hué, du 6 Octobre 1880 au 17 août 1881 ;

RHEINART, chargé d'affaires à Hué, du 18 août 1881, au 28 mars 1883 ; le 28 mars 1883, M. Rheinart quitta la légation de France à Hué où il n'était plus en sureté, pour se rendre à Saigon.

de KERGARADEC, nommé envoyé extraordinaire n'a pas pris possession de son poste ;

HARMAND, Commissaire général de la République Française du 23 juillet 1883 au 24 décembre 1883 ;

Amiral COURBET, Commandant en chef des forces de terre et de mer, du 25 décembre 1883 au 11 février 1884;

Général MILLOT. Commandant en chef le corps expéditionnaire du Tonkin. du 12 février 1884 au 7 septembre 1884.

Général BRIERE de l'Isle, commandant en Chef le corps expéditionnaire du Tonkin. du 8 septebmbre 1884 au 30 septembre 1884 ;

LEMAIRE, Ministre plénipotentiaire, Résident Général du 1er octobre 1884, au 21 décembre 1884 ;

Général BRIÈRE de l'Isle, commandant en chef le corps expéditionnaire du Tonkin, du 1er janvier 1884 au 30 mai 1885 ;

Général ROUSSEL DE COURCY, commandant en chef le corps expéditionnaire du Tonkin, Résident général du 31 mai 1885 au 26 janvier 1886.

Général WARNET, commandant en chef le corps expéditionnaire du Tonkin, Résident général p. i. du 27 janvier 1886 au 7 avril 1886.

BERT. Paul, Résident général du 8 avril 1886 au 11 novembre 1886.

VIAL, Paulin, Résident général p. i. du 12 novembre 1886 au 28 janvier 1887 :

BIHOURD, Ministre plénipotentiaire, Résident général, du 29 janvier 1887 au 11 septembre 1887 ;

BERGER, Secrétaire Général, Résident général p. i. du 12 septembre 1887 au 27 octobre 1887 ;

MM. BIHOURD, Ministre plénipotentiaire, Résident général du 28 octobre 1887 au 17 novembre 1887 ;

BERGER, Secrétaire général Résident général p. i. du 18 novembre 1887 au 25 juin 1888.

CONSTANS, Député, faisant fonctions de Gouverneur général du 3 novembre 1887 au 22 avril 1888;

RICHAUD, Secrétaire général du 7 novembre 1887. Gouverneur général p. i. du 22 avril 1888 au 8 septembre 1888, au 10 mars 1889.

PARREAU, Résident général p. i. du 26 juin 1888 au 8 septembre 1888 ;

RHEINART, Résident général du 9 septembre 1888 au 10 mai 1889.

PIQUET, Gouverneur général du 11 mars 1889 au 17 avril 1891.

BIDEAU, Inspecteur général des Colonies, en mission, Gouverneur général p. i. du 18 avril 1891 au 26 juin 1891, date de la prise de service de M. de LANESSAN.

de LANESSAN, ancien député, Gouverneur général, du 26 juin 1891 au 9 mars 1894.

CHAVASSIEUX, Résident supérieur au Tonkin, Gouverneur général p. i. du 10 mars 1894 au 27 octobre 1894.

de LANESSAN, Gouverneur général, du 27 octobre au 29 décembre 1894.

RODIER, Gouverneur général p. i. du 29 décembre 1894 au 16 mars 1895.

ROUSSEAU, Gouverneur général, du 16 mars 1895, part pour France le 20 octobre 1895, en mission.

FOURES, Gouverneur général p. i. du 21 octobre 1895 au 5 mars 1896.

ROUSSEAU, Sénateur, Gouverneur général, du 6 mars 1896, décédé le 10 décembre de la même année.

FOURÈS, Gouverneur général p. i. du 10 décembre 1896 au 12 février 1897.

DOUMER, Gouverneur général du 13 février 1897 au 30 juin 1902.

BEAU, Gouverneur général du 1er juillet 1902 au 3 juillet. 1905.

BRONI, Gouverneur général p. i. du 3 juillet 1905.

Résidents supérieurs au Tonkin

MM- VIAL, Résident Supérieur du 8 Avril 1886 au 11 Novembre 1886 :

BONNAL, Résident Supérieur p. i. du 12 Novembre 1886 au 29 Avril 1888 :

PARREAU, Résident Supérieur, du 30 Avril 1888 au 10 Mai 1889 :

BRIÈRE, Résident Supérieur, du 11 Mai 1889 au 6 Avril 1890 ;

BONNAL, Résident Supérieur, p. i. du 7 Avril 1890 au 3 Février 1891 ;

BRIÈRE, Résident Supérieur du 4 Février 1891 au 27 Octobre 1891 ;

CHAVASSIEUX, Résident Supérieur du 28 Octobre 1891 au 20 Juillet 1893 :

RODIER, Résident Supérieur p. i. du 21 Juillet 1893 titulaire du 15 Octobre 1894 au 30 Mars 1895.

LUCE, Résident Supérieur p. i. du 31 Mars 1895 au 13 Mai 1895.

« La Résidence Supérieure est supprimée au Tonkin et rempla-
« cée par le Secrétariat Général (23 Avril 1895 Décret du 25
« Février 1895 »

MM CHAVASSIEUX, Secrétaire Général nommé par décret du 25 Février 1895; entré en fonctions le 9 Mai 1895· décédé le 7 Juin de la même année.

PICANON, Secrétaire Général p. i. du 18 Juin au 12 Aout 1895

FOURÈS, Secrétaire Général, nommé par décret du 18 Juillet 1895 au 9 Juin 1897.

FOURÈS, Ancien Secrétaire Général (emploi supprimé) nommé Résident Supérieur au Tonkin du 9 Juin 1897 au 8 Mars 1899

MOREL, Résident Supérieur p. i. du 9 Mars 1899 au 17 Juillet 1900.

FOURÈS, Résident Supérieur du 18 Juillet 1900 au 21 Octobre 1902.

BRONI, Résident Supérieur du 22 Octobre 1902 au 1er Mai 1903.

MM. LUCE, Résident Supérieur p. i. du 2 Mai 1903 au 3 Décembre 1903.

FOURÈS, Résident Supérieur du 4 Décembre 1903.

Liste des Inspecteurs. administrateurs Résidents et Maires de la ville de Hanoi

---

Commissions municipales consultatives

MM. SALLE (Xavier Léandre) Vice Résident chargé de gérer la Résidence de Hanoi, Président de la 1re Commission municipale consultative, du 6 octobre 1885 au 5 septembre 1886.

LEPROUX, (Charles) Vice Résident chargé de gérer la Résidence de Hanoi Président de la Commission municipale consultative du 6 septembre 1886. au 5 octobre 1886.

HALAIS, (Charles) ✳ ❦ Résident de 2e classe, Président de la Commission municipale consultative, prend ensuite le titre de Résident Maire, du 6 octobre 1886 au 18 juillet 1888.

Conseil municipal

Dʳ TIRANT (Gilbert) ✳ ❦ Résident de 1re classe. Résident Maire ; du 19 juillet 1888 au 7 juin 1889.

LANDES (Charles) Administrateur de 1re classes des Affaires indigènes en Cochinchine, du 8 juin 1889 au 15 janvier 1890.

DUFRENIL (Paul/ Vice Résident de 2e classe, Résident Maire p. i. du 16 janvier 1890 au 23 avril 1890.

Dʳ TIRANT (Gilbert) ✳ ❦ Résident de 1re classe, Résident Maire du 24 avril 1890 au 22 juin 1891.

BEAUCHAMP (Laurent) O. ✳ Résident de 1re classe. Résident Maire du 23 juin 1891 au 10 mai 1893.

BAILLE (Frédéric) Résident de 1re classe Résident Maire du 11 mai 1893 au 27 novembre 1894.

MOREL, (Jules) Résident de 1re classe Résident Maire, du 28 novembre 1894 au 11 Juin 1897 ;

LACAZE, (Antoine) ✸ 1er Adjoint chargé de l'expédition des affaires du 12 juin 1897 au 1er septembre 1898.

MOREL (Jules) ✸ Résident de 1re classe, Résident Maire, du 2 septembre 1898 au 1er mars 1899.

LACAZE, (Antoine) ✸ 1er adjoiut chargé de l'expédition des Affaires. du 2 mars 1899 au 5 avril 1899.

BAILLE (Frédéric) ✸ Administrateur de 1re classe des services Civils, du 6 avril 1899 au 17 mars 1901.

PRÈTRE, (Charles) ❀ Administraicur de 2e classe des Services Civils, Administrateur Résident Maire p. i. du 18 mars 1901 au 1er juin 1901.

METTETAL (Frédérie ❀ 1er adjoint chargé de l'expédition des Affaires. du 1er juin 1901 au 31 juillet 1901.

PRÈTRE (Charles) ❀ Administrateur de 2e classe des Services Civils Maire p. i. du 1er août 1901, au 21 novembre 1901.

BAILLE (Frédéric) O. ✸ Inspecteur des Services Civils Inspecteur Maire, du 22 Novembre 1901 au 31 Mars 1903.

DOMERGUE (Eugène) Administrateur de 1re classe des Services Civils Administrateur Maire, du 1er avril 1903 au 6 octobre 1904.

METTETAL (Frédérie) ✸ ❀ 1er Adjoint, Maire de Hanoi. du 7 octobre 1904 au 24 novembre 1904.

GAUTRET (Fernand) ❀ Maire de Hanoi, du 25 novembre 1904.

1re Commission municipale consultative

instituée par arrêté du Résident Général en date du 1er mai 1886, dont la composition indiquée ci-dessous a été fixée par arrêté du Résident Général en date du 29 mai 1886.

MM. SALLE, Vice Résident,   Président

TREMOULET, chargé des questions de travaux publics, Voirie Hygiène générale et police urbaine intéressant la Ville de Hanoi, adjoint au président de la commission consultative de Hanoi par arrêté du Résident Supérieur en date du 9 juin 1886.

de CUSTINE, Payeur Adjoint à Hanoi   Membre

MM. MOREL, Sous insp. des Postes et Télégraphes   Membre

Dr BODINIER, Médecin aide-major de 1re classe, chargé des services civils   id

CADIAT, Conducteur des ponts et chaussées, Secrétaire

BOURGOUIN MEIFFRE, Négociant

DELMAS   id

LACAZE   id

LEHMANN   id

LEYRET, Architecte (succède comme secrétaire à M. CADIAT)

WEHRUNG, Négociant

WIBAUX   id

VITERBO, Entrepreneur

M. PHILIPPE nommé en remplacement de M. Cadiat

LE HUY HUAN, marchand de sucre, rue du sucre, représentant du Canton de Dong Xuan ;

VUONG KY, Entrepreneur rue de la Chaux, représentant du Canton de Thuan My ;

LE VAN BONG, marchand de coton, rue du Pont, représentant du canton de Dong Tho ;

VU DUC PHONG, marchand de bois, rue de la Chaux, repré sentant du canton de Phu Lam ;

TRAN KY, marchand de briques, rue de la Chaux, représentant du canton de Vinh Xuong ;

PHAN THUU CHAU, teinturier, rue des Teinturiers représentant du canton de Yen Thanh ;

A YAN, Chef de la congrégation de Canton ;

A TSENG, Chef de la congrégation de Foc Kien.

———————

2e Commission municipale consultative

Réorganisée par arrêté du Résident Général p. i. en date du 10 Décembre 1887.

M. HALLAIS, ✻ Vice Risident,   Président.

LACAZE, (Antoine) Négociant,   Vice Président.

ALAVAILL, Architecte Voyer,   Membre.

DELMAS, Avocat,   id.

HENRY, Directeur de la Banque de l'Indo-Chine,   id.

VIBAUX, Négociant,   id.

BOURGOUIN MEIFFRE, Négociant,   id.

LEYRET, Paul, Architecte,   id.

FELLONNEAU, ✻ Agent des Messageries Fluviales,   id.

DEBEAUX, Honoré Négociant,   id.

DUMAS. Négociant,   id.

SCHNEIDER, Aîné, libraire.   id.

VITERBO, Entrepreneur,   id.

GUILLAUME, Henri Entrepreneur,   id.

TIEP SAM, Chef de la Congrégation chinoise,

LE HUY HUAN, commerçant du canton de DôngXuân.

VUONG KY,   id.   Thuan My.

LE VAN HONG,   id.   Dong Tho.

VU DUC PHONG.   id.   Phu Lam.

THAN KY,   id.   Vinh Xuong.

PHAM THUC CHAN.   id.   Yên Thanh.

Commission consultative Municipale 1888

MM. HALAIS ✳ Vice Résident. Président :
LACAZE, négociant;
VITERBO, entrepreneur ;
SCHNEIDER Ainé, libraire;
DELMAS, négociant;
WIBAUX, —
HENRY, Directeur de la Banque de l'Indo-Chine;
ALAVAILL. Architecte-voyer;
DE CUSTINE. Payeur-adjoint à Hanoi;
LEYRET, Architecte;
DUMAS. négociant;
BOURGOIN MEIFFRE négociant;
LE TRONG THAN.
VUONG KY.
LE VAN BONG.
VU DUC PHONG.
DINH TRAN.
PHAM THUC TRAU.
TIÊP-SAM.

Commission consultative Municipale 1889

MM. Dᵣ TIRANT, Gilbert, ✳ Résident-Maire, 1889;

LACAZE, négociant;

JAMES, —

DAURELLE. --

DUMAS, —

VITERBO, entrepreneur;

BLANC, pharmacien;

WIBAUX, négociant ;

GUILLAUME, entrepreneur ;

FELLONNEAU,✳, Agent principal des Messageries fluviales;

BOURGOIN-MEIFFRE, négociant;

GENDREAU. ---

DELMAS, --

E. SCHNEIDER Aîné, libraire, remplacement de M. Wibaux négociant démissionnaire;

DEBEAUX, négociant;

LE-VAN-BONG,

PHAM-THUC-TRAU.

LE-THONG-THANH.

VUONG-KY.

Commission consultative Municipale 1890

MM. TIRANT, Gilbert, ✻ Résident-Maire, Président;
    LACAZE, négociant;
    GUILLAUME, entrepreneur;
    SCHNEIDER Aîné, libraire;
    DUMAS, négociant;
    VITERBO, entrepreneur;
    JAMES, négociant;
    BOURGOIN MEIFFRE négociant;
    DELMAS, ---
    BLANC, pharmacien;
    DAURELLE, négociant.
    FELLONNEAU, ✻ Agent principal des Corresp. fluviales;
    DEBEAUX, négociant;
    LE-VAN-BONG.
    VUONG-KY.
    LE-TRONG-THANH.
    PHAM-THUC-TRAU.

Commission consultative Municipale 1891

MM. BEAUCHAMP, O ✱ Résident Maire, Président :

BOURGOIN MEIFFRE, négociant;

BLANC, pharmacien;

VITERBO, entrepreneur ;

DAURELLE, négociant ;

SCHNEIDER Aîné, libraire ;

DUMAS, négociant ;

LACAZE, —

JAMES, —

FELLONNEAU, ✱ agent principal des Correspondances fluviales ;

GUILLAUME, entrepreneur ;

LE TRONG THANH,

PHAM THUC TRAU,

LE VAN BONG,

NGUYÊN HUY HIÊP,

Conseil Municipal élu (1892-1895)

MM. BEAUCHAMP, O. ✳ Résident Maire :

LACAZE ✳ négociant, 1er adjoint :

BLANC, ✪ pharmacien, 2e adjoint :

GUILLAUME, entrepreneur

SCHNEIDER, F. - H. Imprimeur :

DEBEAUX, négociant ;

SCHROEDER, négociant

COURRET, publiciste :

BOURGOIN MEIFFRE, négociant :

DAURELLE négociant

GOBERT, Aîné, négociant :

LE VASSEUR, publiciste, en remplacement de MM.

GODARD, négociant,   Debeaux et Lacaze :

DANG TRAN HANH,

DINH GIA TRANG,

TIÊP-SAM,

NGUYEN XUAN DUAN,

NGUYEN HUU LIENG, en rempl. de Ng. xuan Duan.

Conseil Municipal de 1895 à 1898

MM. MOREL, Jules, ✳ Résident Maire :

LACAZE Antoine 1er Adjoint, Négociant :

GODARD, ❀   2e   ---   ---

DUFOUR,   entrepreneur :

Dr LE LAN, ❀ médecin :

LAFEUILLE, propriétaire :

COUTEL, entrepreneur :

BERRUER, —

BUNAU, négociant :

CHARPANTIER, ---

BLANC, ❀ pharmacien :

GUILLAUME, entrepreneur, En remplacement de

FOSSION, ---

SCHNEIDER Aîné, libraire,

RAINOIRD, agent fluviales,

DESSOLIERS, entrepreneur,

}MM. Le Lan / Lafeuille / Coutel / Bunau / Godard

VU-CAC-CAN,

NGO-XUAN-DINH,

NGUYEN-CAC-CHUOC,

TRANG-HING dit NICOLAS,

LE-DOAN-THANH

NGUYEN-BA-LIEN

} En remplacement de MM. Nguyen-cac-Chuoc / Trang-Hing dit Nicolas

Conseil Municipal 1898 à 1901

MM. BAILLE, Frédéric ✻ Résident Maire (en congé) :
LACAZE, Antoine ✻ 1er adjoint, Maire p. i. négociant :
BLANC, ◉ 2e adjoint, pharmacien :
DUFOUR, entrepreneur :
GODARD, ◉ négociant :
DESSOLIERS, entrepreneur :
METTETAL, ◉ Avocat-défenseur :
CHARPANTIER, négociant :
YOLLE, entrepreneur ;
FOSSION, —
VITERBO, O. I. ◉ entrepreneur :
DANG-TRAN-HANH,
DINH-GIA-TRAN,
HOANG-DAO-DAT,
LE-DOAN-THONG,

Conseil Municipal 1901 à 1904

MM. BAILLE, Frédéric O. ✻ Inspecteur Maire (en congé) :
PRÊTRE, Charles, ◉ Résident Maire, p. i. :
METTETAL, ✻ ◉ 1er adjoint, avocat-défenseur ;
DUFOUR, 2e adjoint, entrepreneur :
A. LABEYE, entrepreneur, Nommé 2e adjoint en rempla-
cement de M. Dufour, décédé :
GODARD, ✻ ◉ négociant :
VEYRET, —
GALLOIS, ◉ publiciste :
VINCENTI, Administrateur des services civils en retraite ;
Dr LE LAN, ◉ médecin :
MEIFFRE, industriel :
SERRA, pharmacien :
LUONG-VAN-CAN,
PHAM-HUU-HOACH,
BUI-DINH-THONG,
THUY-VIN-LONG,

Conseil Municipal de 1904 à 1907

MM. DOMERGUE, Eugène Administrateur-Maire ;

GAUTRET, Fernand ✿ Maire de Hanoi du 25 novembre 1904 ;

METTETAL, ✸ ✿ 1er adjoint, avocat-défenseur ;

MEIFFRE, ✿ 2e adjoint, Industriel ;

GODARD, ✸ ✿ négociant ;

SAVELON, entrepreneur ;

FORT, Agent d'assurance ;

CAMIN, boulanger ;

SERRA, pharmacien ;

Dr LE LAN, ✿ médecin ;

ABT GARNIER, entrepreneur ;

BERNHARD, industriel ;

FABRY, négociant ;

PELLOUX, employé de commerce ;

PHAM-HUU-HOACH ;

VU-HUY-QUANG ;

BUI-DINH-THONG ;

NGUYEN-HOANG-LUU ;

HISTORIQUE DE LA VILLE DE HANOI

La ville de Hanoi, située par 21° 58 de latitude nord, et 103° 29 de longitude Est, occupe une superficie de 945 hectares 25 ares, 49 centiares.

Elle s'étend sur la rive droite du Fleuve Rouge sur une longueur d'environ 4 kilomètres, et affecte la forme d'un triangle isoècle dont la base serait la concession et la pagode du grand Bouddha le sommet.

Elle est ceinturée par la Zône suburbaine qui, décrit par rapport au fleuve un arc de cercle d'une longueur d'environ 9 kilomètres formant ainsi un territoire tampon distant de 3 kilomètres de la ville entre cette dernière et les provinces limitrophes de : Sontay qui la borne au Nord, Ha-Dong au Sud-Ouest et Bac-Ninh à l'Est.

L'époque la plus reculée où il est question de Hanoi pour la première fois, paraît remonter au IX° siècle de notre ère.

Fondée par la dynastie de Kinh-Duong-Vuong, sur l'emplacement d'un village que l'on appelait Long-Ao, elle prit d'abord le nom de ce village, dont la pagode fut érigée à Ha Khao, aujourd'hui rue des Pavillons Noirs, pour faire place par la suite, au Palais Royal.

Hanoi s'appelait alors Gia-Chi-Bo ; d'autres disent Ke-So (Grand Marché).

Cao-Biên développa la citadelle et l'entoura d'un rempart de terre qu'il appela Dai la Thanh (865). Plus tard, le Roi, Thay-Ton de la dynastie des Ly (1028) y construisit un palais sur un tumulus qui s'appelait Thang-Long, et qui donna son nom à la ville — C'est sur cet emplacement occupé actuellement par le champ de courses à l'angle de la digue Parreau et de la route circulaire du cote, opposé au pont du village du Papier, qu'existait vraisemblablement autrefois, le palais de Thang-Long. — Le service de la Voirie en construisant il y a 5 ans, la route bifurquant de la digue Parreau pour accèder au champ de courses, a découvert en effte, à cet endroit: des ruines, des vases, des monnaies qui révèlent l'existence d'une grande cité au temps de l'occupation chinoise, il y a quelque dix siècles.

Située en un endroit des plus favorisés au point de vue de l'extension intérieure du commerce, les Hollandais, lors de leur établissement à Hung Yen y créèrent un entrepôt.

De Hanoi à la mer il y a 150 kilomètres par le fleuve pour arriver au Cua Hoc La, une des principales embouchures malheureusement peu praticable aux navires d'un tonnage véritablement commercial. La capitale reste néanmoins en communication avec toutes les provinces par des branches divergentes de la rivière et les lignes de chemin de fer de Haiphong à la frontière de Chine et de Hanoi à Vinh et Lao-Kay.

Gia-Long (1801-1820) fut le véritable fondateur de la ville actuelle, qui était située ainsi qu'il a été dit, dans les parages du pont du village du Papier.

Vers la douzième année de son régne, c'est à dire en 1802. Gia-Long fit construire la citadelle (fortifications Vauban) sur les plans d'un officier français : le colonel Olivier. Minh-Mang son fils, qui lui succéda de 1821 à 1841, donna le nom d'Hanoi à la capitale du Tonkin.

Cette citadelle énorme, la plus vaste du Tonkin, dont la démolition fut entreprise en 1894 (contrat Bazin) et de laquelle il ne reste plus aujourd'hui qu'une grande porte murée et le cavalier sur lequel s'érige la tour, occupait encore il y a 10 ans une superficie de 156 hectares 25 ares.

Hanoi fut souvent dépossédée de son titre de capitale. Par suite de révolutions, le siège en a été transporté successivement à Sontay, puis à Ninh-Binh. Chaque changement de Roi entrainait la reconstruction d'un palais et d'une capitale nouvelle.

Toutefois depuis Gia-Long elle est restée la capitale du Tonkin et est devenue aujourd'hui la capitale de l'Indo-Chine. siège de Gouvernement et de tous les services généraux.

Sa population se décompose comme suit :

3ooo Européens environ

215o Chinois

6o Japonnais

5o Indiens

1oo.ooo Annamites

Les monuments historiques ou remarquables qui méritent d'être mentionnés sont au point de vue annamite :

La pagode de Quan-Thanh dite du Grand-Bouddha qui renferme une statue colossale en bronze du Génie Tran Vu.

Le Van-Mieu, temple royal de la littérature que les Européens appellent pagode des Corbeaux, où sont conservés les monuments commémoratifs des examens littéraires qui ont eu lieu à Hanoi depuis le règne de Le-Thai-Tô jusqu'à la révolte de Tay Son à la fin du siècle dernier. On y compte 82 stèles chargées d'inscriptions, érigées sur des tortues de pierre.

La pagode des deux sœurs Truong, les deux Jeanne d'Arc Tonkinoises qui délivrèrent leur pays du joug des chinois l'an 38 après J. C.

La pagode de Bach Ma dans la rue des Voiles, dédiée au Général chinois Cao Bien, qui régna à Hanoi en 860.

La pagode Mat que les lettrés appellent Lotus, érigée sur une colonne de pierre, située à proximité du Jardin botanique derrière la poudrière, qui date du neuvième siècle.

La pagode de l'île de jade (Ngoc Son) au milieu du petit Lac de Hanoi, reliée au boulevard Francis Garnier par un pont en bois en dos d'âne et une chaussée pavée. Le génie de cette pagode est Van Xuong, dieu des lettrés qui habite la constellation de la grande Ourse. Depuis 500 ans cet endroit a toujours été le rendez-vous des savants tonkinois, on y remarque à l'entrée le portique de l'Encrier et l'obélisque du Pinceau, monument sous lequel de nombreux ossements sont enfouis.

Parmi les monuments Européens qui donnent à Hanoi un caractère tout particulier de grande ville, il faut mentionner la Gare, dont l'importance vient d'être considérablement augmentée par l'annexion au corps principal de deux ailes servant de bureaux et par la construction d'ateliers, de magasins et de logements pour les agents.

A peu de distance et sur le même boulevard, sont les bureaux de la Société d'Exploitation des chemins de fer de l'Indo-Chine et du Yunnan, bâtiment à 3 étages qui fait face au Grand Palais de l'Exposition. l'un des plus beaux monuments de la ville.

Puis, plus dans le centre, il faut citer le groupe dit des 4 bâtiments de construction déjà ancienne ce sont : la Mairie, le Trésor, l'Hôtel des Postes et la Résidence Supérieure qui entourent le square Paul-Bert.

Le Collège Paul-Bert avec ses vastes cours, les Chambres de commerce et d'Agriculture anciennement le Palais du Kinh Luoc, la Gendarmerie, la prison civile, l'Hôtel Métropole, les magasins de l'Union Commerciale Indo-Chinoise et la cathédrale de Hanoi de style Roman qui est le plus ancien des monuments de la ville.

D'autres bâtiments sont en voie d'achèvement ce sont : le Palais de Justice grandiose par ses proportions, le nouveau palais du Gouvernement Général près du Jardin botanique et enfin le Théâtre municipal, d'architecture moderne. situé à l'extrémité de la rue Paul-Bert artère principale de la ville.

Divisions administratives

La ville de Hanoi, a été formée d'une agglomération de 106 villages environ ; mais, comme il n'était pas possible de conserver un morcellement aussi excessif, il a été créé huit quartiers administratifs.

Arrêté n° 162 du 1er Juillet 1904.

Art, 1er. — La ville de Hanoi est divisée en huit quartiers.

Le 1er quartier a pour limites :

L'avenue Général Bichot, depuis la nouvelle limite ouest de la Citadelle jusqu'à la route circulaire de l'ancienne citadelle.

La route circulaire de l'ancienne citadelle, depuis l'avenue Général Bichot jusqu'à sa jonction avec l'avenue du Grand Bouddha.

La limite de la Ville suivant le bord du Grand Lac, depuis le poste de police jusqu'au Fleuve en passant par la digue du Grand Bouddha (Tran-Vu) y compris la pagode de Tran-Quoc.

Le Fleuve.

Les rues des Nattes en jonc, Jean Dupuis et du Cuivre (cette dernière prolongée jusqu'au boulevard Henri d'Orléans).

La limite Est de la Citadelle comprise entre le prolongement de de la rue du Cuivre et le boulevard Carnot,

Le boulevard Carnot limite Nord de la Citadelle jusqu'à sa jonction avec l'avenue Victor Hugo.

L'avenue Victor Hugo limite Ouest de la Citadelle jusqu'à sa jonction avec l'Avenue Général Bichot.

Nota : Dans les limites du 1ᵉʳ quartier se trouve la partie du banc de sable comprise entre la borne nᵒ 2 (ancien emplacement du blockaus nord) et le prolongement de la rue de France.

Les rues et villages du 1ᵉʳ quartier sont les suivants :

Chemin de la digue de Tran-Vu — l'avenue du Grand Bouddha. rue des Vermicels, rue de Yên Thanh, rue de l'Hopital chinois, rue du Charbon, rue des Graines — rue du Papier — rue du Riz, rue de Takou — rue du Song to lich — rue des Vers Blancs-passage de la rue du Riz — rue des Tubercules — route du blockaus Nord — quai du Commerce — le boulevard Henri d'Orléans (partie comprise entre le prolongement de la rue du Cuivre et l'avenue du Grand Bouddha)

La rue de l'Hopital chinois prolongée (partie comprise entre le boulevard Carnot et l'avenue du Grand Bouddha)

La rue de Yên Thanh prolongée (partie comprise entre le boulevard Carnot et l'Avenue du Grand Bouddha)

La rue Victor Hugo (partie comprise entre le boulevard Carnot et la route du Grand Bouddha.

La voie 54 (partie comprise entre le boulevard Carnot et l'avenue général Bichot)

La voie 55 (partie comprise entre le boulevard Carnot et l'avenue Général Bichot)

La route circulaire de l'ancienne citadelle (depuis l'avenue du Grand Bouddha)

L'avenue Général Bichot (partie comprise entre l'avenue Victor Hugo et la route circulaire)

La voie 62 (partie comprise entre l'avenue Victor Hugo et la route circulaire)

Le boulevard Carnot.

Villages de : Nam Trang, Yên Ninh, Chau Yên, Co Xa.

Les rues ci-dessus désignées sont comprises dans les limites des villages de : Yên Thanh, Phu Tu, Tan Lap, Vinh Tru, Vinh Hanh, Nguyên Khiet, Nghia Lap, Dong Thuan, Phuc Lam.

Le 2ᵉ quartier a pour limites :

La rue du Cuivre (prolongée jusqu'au boulevard Henri d'Orléans)

Le boulevard Henri d'Orléans et la nouvelle limite Est de la Citadelle comprise entre la rue du Cuivre prolongée et le boulevard Félix Faure (limite Sud de la citadelle).

Le boulevard Félix Faure limite Sud de la citadelle jusqu'à sa jonction avec l'avenue Puginier.

L'avenue Puginier depuis le boulevard Félix Faure jusqu'à la rue du Coton.

La rue du Coton depuis l'avenue Puginier jusqu'à la rue du Chanvre et la rue du Chanvre dans toute sa longueur.

La rue de la Soie, des Cantonnais, et du Sucre dans toute leur longueur.

Les rues du 2e quartier sont les suivantes :

Rue vieille des Tasses – rue du Cuivre --- rue des Tasses (partie comprise entre la rue vieille des Tasses et la rue du Cuivre) rue des Forgerons --- rue de la Poissonnerie -- rue de TienTsin rue des Médicaments -- rue des Etoffes -- rue de Hang Mun -- rue de Ha Trung -- rue des Phuc Kien -- rue du Sucre -- rue des Cantonnais --- rue des Balances --- rue des Paniers --- rue des Pipes rue des Ferblantiers --- rue des Chapeaux -- rue des Eventails -- rue des Stores -- rue des Caisses -- rue des Cuirs -- rue de la Citadelle --- rue du Coton --- (à droite et à gauche) rue du Chanvre-- rue de la Soie.

L'avenue Général Bichot (partie comprise entre la limite Est de la Citadelle et la rue des Volailles)

La voie N 64 :

Le boulevard Henri d'Orléans (depuis le prolongement de la rue du Cuivre jusqu'à la rue du Coton)

La voie N° 60 (partie comprise entre la limite Est de la Citadelle et la rue des Cuirs).

Le boulevard Félix Faure (partie comprise entre l'avenue Puginier et le boulevard Henri d'Orléans).

La rue Général de Badens.

L'avenue Puginier (partie comprise entre le boulevard Félix Faure et la rue du Coton).

Les rues ci-dessus désignées sont comprises dans limites des villages de :

Tan Khai, Vinh Tru, Vinh Hanh, Dông Thuân, Yên Phu, Huu Dong Mon, Duc Mon, Dông Thanh Thi, Xuân Yên, To-Tich, Thuân My, Duyên Huug, Dai Loi, Dông Lac, Dông Ha, Co Vu, Kim Co, Hoi Vu, Bac Thuong, Dong My, An Thai, Yên Noi, Dong Thanh Thon.

Le 3e quartier a pour limites :

La rue de la Soie, des Cantonnais et du Sucre, Rue Jean Dupuis et des Nattes en jonc jusqu'au fleuve. Le fleuve, rues Fellonneau, du Lac, et du Pont en bois :

Les rues du 3e quartier sont les suivantes :

Rue Jean Dupuis (à droite et à gauche) rue des Nattes en jonc (à droite et à gauche) rue des briques et ruelle des Voiles — rue des Voiles — rue des Pavillons noirs et passages — rue des Vases — rue des Changeurs — rue de la Saumure, rue des Radeaux — rue des Bambous, rue Fellonneau — rue du Lac, (partie comprise entre la rue Fellonneau et la rue des Seaux) — rue des Seaux — rue du Pont en bois — Les passages et impasses qui aboutissent à ces différentes rues -- rue des Pommes de terres — rue du Sel — boulevard de Bac Ninh.

Rue de Fou-Tchéou.

Rue Tirant (partie existante entre la rue des Radeaux et la voie N° 15).

Voie N° 17 partie existante entre la rue du Pont en bois et la rue Tirant).

Voie N° 18 — voie N° 16 — voie N° 15.

Quai du Commerce.

Les rues ci-dessus désignées sont comprises dans les limites des villages de :

Hung Bai, Un nghia, Ha Khau, Giung Tho, Nam pho, Gia-Ngu, Nhiên Thuong, Huong Ginh, Thanh Binh, Dong Yên, Trung Thanh, Ngu Hâu, Tinh Yên, Trang Lau, Bao Linh, Thanh Ha.

Le 4e quartier a pour limites :

Rue Borgnis Desbordes, rue Paul Bert, rue de France, le Fleuve, rue Fellonneau, boulevard Francis-Garnier, rue du Chanvre et du Coton, rue des Teinturiers (entre rue du Coton et rue Borgnis Desbordes).

Les rues de 4e quartier sont les suivantes :

Rue Borgnis Desbordes -- rue de la Mission --- rue Jules Ferry --- rue Paul Bert, rue du Lac, boulevard Amiral Courbet (entre les rues Balny et Fellonneau ,--- rue Balny --- boulevard Henri-Rivière (partie comprise entre la rue Paul Bert et la rue Balny) rue de l'Intendance --- rue de la Chaux --- rue de la Banque --- quai du Commerce jusqu'à la rue Fellonneau --- rue Leclanger -- Boulevard Francis Garnier --- rue de France -- rue Potier --- avenue Chavassieux (square Paul Bert, coté Secrétariat Général) avenue Dominé (square Paul Bert, coté de la mairie ,.

Les rues ci-dessus désignées sont comprises dans les limites des villages de :

Chan Cam, Tiên Tri Tu Thap, Phuc Cô, Song Khanh, Vong Ha, Co Tan.

Le 5e quartier a pour limites :

Rue Paul-Bert et rue de France jusqu'au Fleuve --- Le Fleuve, depuis l'abattoir en suivant les anciennes fortifications limites de la ville, jusqu'à la limite Ouest du hamau de Luong Yên.

La limite Ouest des hameaux de Luong Yên, Cam Hoi, Duc-Viên ou Phuong-Dien et Ham Khanh.

Le Boulevard Doudart de Lagrée depuis le hameau de Ham-Khanh jusqu'à sa jonction avec le boulevard Gia-Long.

Le boulevard Gia-Long.

Les rues et villages de 5e quartier sont les suivantes.

Boulevard Gia-Long — boulevard Dong-Khanh -- boulevard Henri Rivière -- (partie comprise entre le boulevard Cambetta et la rue Paul Bert) boulevard Rialan -- boulevard Bobillot --boule-

vard Armand Rousseau — rue de la Concession — rue Laubarède —
boulevard Rollandes — rue de la Sapèquerie — rue de Vong-Duc —
boulevard Gambetta (partie comprise entre le boulevard Gia-
Long et boulevard Bobillot) route de l'Abattoir — digue des Man-
darins (entre la limite Ouest du hameau de Luong-Yen et l'ancien abattoir).

Le 6e quartier a pour limites :

Boulevard Gia-Long — boulevard Gambetta route Mandarine
dans la partie comprise entre le boulevard Gambetta, et la borne
nº 9 limite de la Ville,

Le limite de la Ville qui passe par les bornes nºs 9, 8, 7, 6, 5,
4 et 3 jusqu'au Grand Lac.

Depuis la borne Nº 3 en suivant le borne du Grand Lac limite
de la Ville jusqu'au poste de police.

La route circulaire de l'ancienne citadelle depuis l'avenue du
Grand Bouddha jusqu'à sa jonction avec l'avenue Bichot.

L'avenue Bichot depuis le route circulaire jusqu'à l'avenue
Victor Hugo limite ouest de la Citadelle).

L'avenue Victor (Hugo limite Ouest de la citadelle) depuis
l'avenueGénéral Bichot jusqu'au boulevard Félix Faure.

Le boulevard Félix Faure (limite sud de la Citadelle) depuis
l'avenue Victor Hugo jusqu'à l'avenue Puginier.

L'avenue Puginier depuis le boulevard Félix Faure jusqu'à la
rue du Coton et la rue Borgnis Desbordes dans toute sa longueur.

Les rues du 6e quartier sont les suivantes :
Boulevard Gambetta (partie comprise entre le boulevard Gia
Long et la route Mandarine) rue des Teinturiers, boulevard Jau-
réguiberry — route Mandarine depuis la limite de la Ville, borne
nº 9 jusqu'à l'avenue Puginier) — route de Sinh Tu — le chemin
de la pagode des Corbeaux — la rue de Cau Do de la pagode de
Giam à la limite de la Ville — la route circulaire de la citadelle,
la digue Parreau.

Voies existantes :
La petite route du village du Papier depuis la pagode de Tran
Vu, jusqu'à la limite de la Ville (borne n· 8).
Villages compris dans le 6e quartier :
Phuc Lam, Nam Ngu, Yen Hoa, Yen Trach, Co Giam, Van
Tan, Huu Bien, partie du village de Van Bao, Khan Xuan, Thuy
Chuong.

Les rues du 6e quartier sont comprises dans les limites des
villages de :
Phu Khanh, Bich Luu,, Vinh An, Tien Dong, Luong Su, Thanh
Giam, An Giam, Ngoc Thanh.

Le 7e quartier a pour limites :
Les anciennes fortifications, limite Sud de la Ville, depuis le
village de Van Ho, jusqu'à la porte mandarine — la route Mandarine — côté Est, depuis la porte jusqu'au boulevard Gambetta — le

boulevard Gambetta, depuis la route Mandarine jusqu'au boulevard Gia Long -- la ligue brisée servant de limite Est aux villages de Phuc Khanh, Lien Tri -- Thuyen-quang et venant aboutir au boulevard Gia Long.

Les voies existantes du 7e quartier sont les suivantes :

La digue formée par les anciennes fortifications dans la partie longeant les villages compris dans le 7e quartier -- la route Mandarine depuis la porte de ce nom jusqu'au boulevard Gambetta, le boulevard Gembetta, depuis la route Mandarine jusqu'au boulevard Gia Long. -- le boulevard Gia Long dans sa partie comprise entre le boulevard Gambetta et le boulevard Armand Rousseau.

Les voies ci-dessus sont comprises dans les limites des villages de :

Phuc Khanh, Lien Tri, Thuyen Quang et Lien My.

Le 8e quartier a pour limites :

Les anciennes fortifications, limite Sud de la ville, depuis le village de Luong Yen, jusque et y compris le village de Van Ho, la ligne formant la limite Ouest des villages de Thinh Yen,

Yen Nhat. Phuc Lam, Dong Tan, Gia Phuong, Phuc Co, la route des abattoirs sur toute la longueur du village de Phuc Co --- la ligne servant de limite Ouest aux villages de Phuc Co, Gian Phuong, Dong Tan, Hoa Ma, Yen Nhat et Thinh Yen.

Les voies existantes du 8e quartier sont les suivantes :

La ligne formée par les anciennes fortifications dans la partie longeant les villages compris dans le 8e quartier.

La route de Hué jusqu'aux limites de la ville --- la route du Cimetière, le boulevard Doudart de Lagrée.

Les voies ci-dessus sont comprises daus les limites des villages de :

Thinh Yen, Van Ho, Yen Nhat, Hoa-Ma, Phuc Lam, Dong Tan, Giao Phuong, Phuc Co.

Art. 2. --- Des chefs de rue sont désignés par les habitants des rues indigènes.

Sont appelés à farre cette désignation tous les annamites inscrits au rôle de l'impot foncier ou des patentes habitant la rue.

Art. 3 --- Les chefs de rue désignés doivent être agrées par le Résident Maire. Un titre spécial et un cachet leur sont délivrés en conséquence.

La durée de leurs fonctions est de trois années. Elles peuvent être renouvelées.

Art. 4 --- Les chefs de rue sont les auxiliaires de l'Administration municipale pour la police des rues et l'exécution des mesures de salubrité publique.

Ils doivent rendre compte immédiatement aux Commissaires de police de tout fait intéressant l'ordre public.

Ils doivent donner leur concours à l'Administration pour la rentrée des impôts indigènes intéressant le domaine de la ville.

Ils reçoivent les communications de l'Administration par l'intermédiaire du Hiep Ly, duquel ils relèvent directement.

Art. 5.—Toute preuve de mauvais vouloir, toute exaction commise à l'égard des habitants entrainera la révocation des chefs de rue reconnus coupables, sans préjudice des poursuites devant les Tribunaux compétents, s'il y a lieu.

Art. 6 --- Des gratifications seront données à tous ceux qui montreront du zèle et du dévouement dans l'accomplissement de leurs fonctions, et des récompenses honorifiques seront demandées pour ceux qui n'auront encouru aucun blâme pendant toute la durée des dites fonctions

Art. 7 --- Le Chef du Secrétariat de la Mairie est chargé de l'exécution du présent arrêté.

Fonctionnement des Services Municipaux

Par ordonnance royale en date du 6e jour, du 8e mois de la 3e année du règne de Dong Khanh. 1er Octobre 1888) les territoires des Villes de Hanoi, Haiphong et Tourane ont été érigées en concessions Françaises et cédées en toute propriété au Gouvernement Français, par le Gouvernement Annamite qui a, de ce fait, renoncé à tous ses droits sur ces mêmes territoires.

Cette ordonnance royale a été rendue exécutoire en Annam et au Tonkin à la date du 3 Octobre 1888, par M. le Gouverneur Général Richaud.

En même temps, une ordonnance royale accordait également aux citoyens et protégés Français, le droit de posséder en Annam et au Tonkin.

Toutefois, depuis le 18 Juillet 1888, en vertu des décrets des 17 Octobre et 12 Novembre 1887, règlementant l'organisation administrative de l'Indo-chine et les pouvoirs du Gouverneur Général et des arrêtés des 8 Janvier, 1er et 29 Mai 1886, organisant les commissions municipales consultatives de Hanoi et de Haiphong, ces deux villes étaient déjà depuis cette époque constituées en Municipalités, suivant les voeux formulés antérieurement par les Commissions Municipales consultatives et les Chambres de Commerce des deux villes, qui, demandaient la création de conseils municipaux régulièrement constitués.

Les Municipalités de Hanoi et de Haiphong furent ensuite réorganisées par arrêté du Gouverneur Général de l'Indo-chine, en date du 31 Décembre 1891 ; arrêté qui les régit encore actuellement, et dont la teneur suit :

ARRÊTÉ concernant les municipalités de Hanoi et de Haiphong
31 décembre 1891

Le Gouverneur général de l'Indo-Chine française,

Vu le décret du 21 avril 1891 ;

Vu l'ordonnance royale du 3 octobre 1888 érigeant en concession française les territoires de Hanoi. Haiphong et Tourane ;

Vu les arrêtés des 8 janvier, 1er et 29 mai 1886, organisant les commissions municipales consultatives des villes de Hanoi et Haiphong ;

Vu l'arrêté du 19 juillet 1883 instituant des municipalités à Hanoi et Haiphong ;

Vu les arrêtés des 20 janvier et 15 novembre 1889 délimitant le territoire des communes de Hanoi et Haiphong,

Considérant que la population européenne de ces villes est assez nombreuse et s'est créé, dans le pays, des intérêts assez considérables pour que ses représentants élus puissent assurer la bonne gestion des affaires communales ;

Considérant qu'il est nécessaire d'allouer au budget de ces deux villes des ressources normales suffisantes pour faire face à toutes les dépenses ordinaires ;

Considérant qu'il y a lieu de conserver à chacune des nationalités qui en composent la population, sa part légitime dans la gestion des intérêts communs,

ARRÊTE :

Article premier. — La commune de Hanoi comprend le territoire délimité par l'arrêté du 15 novembre 1889. et porté au plan d'alignement ultérieurement dressé..

La commune de Haiphong comprend le territoire délimité par l'arrêté du 20 janvier 1889.

Les pagodes et biens qui en dépendent, des communes de Hanoi et de Haiphong, resteront la propriété de l'Etat. Ils ne pourront être désaffectés qu'après entente avec l'autorité annamite et par arrêté du Gouverneur général.

Art. 2. — Le corps municipal des communes de Hanoi et de Haiphong se compose d'un Conseil municipal, d'un maire et de deux adjoints.

Le Conseil municipal comprend :

1° Douze membres français ou naturalisés, nommés au suffrage universel et direct ;

2° Pour Hanoi quatre, et pour Haiphong deux membres annamites nommés à l'élection par les électeurs annamites ;

3° Pour Haiphong deux chinois ou asiatiques étrangers nommés à l'élection par les électeurs chinois ou asiatiques étrangers.

Arrêté du Gouverneur général en date du 21 mars 1904.

Arrêté du Gouverneur général en date du 27 janvier 1897 (I)

Les fonctions de maire seront provisoirement exercées par un résident nommé par le Gouverneur général sur la présenta-du Résident supérieur.

Le Résident-maire sera assisté de deux adjoints français.

Les adjoints seront nommés par le Résident supérieur sur la présentation du Consel municipal. Ils seront pris parmi les dix conseillers français.

Le Résident supérieur au Tonkin aura vis-à-vis du Conseil municipal les attributions accordées au préfet, au Conseil de préfecture et au Conseil général par la loi du 5 avril 1884. sauf les exceptions portées au présent arrêté.

Art. 3. — Ne peuvent être élus membres du Conseil municipal :

1° Le Gouverneur général. le Résident supérieur.

2° Les employés et fonctionnaires de toutes catégories tant du Protectorat que de l'administration annamite ;

3° Les militaires ou employés des armées de terre et de mer en activité de service ;

4° Les ministres des divers cultes en exercice dans la commune ;

5° Les membres des tribunaux ;

---

(1) *Ancien texte :* 2° Pour Hanoi trois et pour Haiphong, deux membres annamites nommés à l'élection par les électeurs annamites.

3° Pour Haiphong deux et pour Hanoi un membre chinois ou asiatique étranger nommé à l'élection par les électeurs chinois ou asiatiques étrangers.

Arrêté du Gouverneur général en date du 4 septembre 1896 (1)

6° Les comptables des deniers communaux et les entrepreneurs des services municipaux, les agents salariés de la commune parmi lesquels ne sont pas compris ceux qui exerçant une profession inpendante ne reçoivent une indemnité de la commune qu'à raison des services qu'ils lui rendent dans l'exercice de cette profession.

7° Les individus privés du droit électoral, ceux qui sont pourvus d'un conseil judiciaire, les domestiques attachés à la personne, les individus dispensés de subvenir aux charges communales ou ceux qui sont secourus par les bureaux de bienfaisance

Art. 4. — Les parents au degré de père, de fils, de frère et les alliés au même degré ne peuvent être en même temps membres d'un Conseil municipal.

Art. 5. — Tout conseiller municipal qui, par une cause survenue postérieurement à sa nomination, se trouve dans un des cas prévus par les articles 3 et 4 est déclaré démissionnaire par le Résident supérieur, sauf recours au Gouverneur général. La procédure à suivre sera la même que celle qui est prévue par l'article 42.

Art. 6. — Les conseils municipaux sont nommés pour trois ans et renouvelés intégralement le premier dimanche de mai alors même qu'ils ont été élus dans l'intervalle.

Les pouvoirs des conseils élus en janvier 1892 dureront jusqu'au renouvellement régulier de mai 1895.

Arrêté de M. le Gouverneur général en date du 24 novembre 1896.

Art. 7. (2) — Quand il y aura trois vacances de conseillers français ou une vacance de conseiller indigène ou chinois, les manquants seront remplacés dans le délai de trois mois après la déclaration de dernière vacance.

Conditions relatives aux élections — Électeurs Éligibles

Art. 8. — Les conseillers municipaux français sont élus au scrutin de liste par le suffrage direct universel. Sont électeurs tous les Français âgés de 21 ans accomplis et n'étant dans aucun des cas d'incapacité prévus par les lois.

La liste électorale française comprend :

1° Tous les électeurs qui ont leur domicile réel dans la commune ou y habitent depuis six mois au moins ;

2° Ceux qui y auront été inscrits au rôle de l'impôt foncier ou des patentes, et s'ils ne résident pas dans la commune, auront déclaré vouloir y exercer leurs droits électoraux. Seront également inscrits sur leur demande, aux termes du présent paragraphe, les membres de la famille des mêmes électeurs ;

---

(1) *Ancien texte* : 6° Les comptables des deniers communaux, les agents salariés de la commune, les entrepreneurs de travaux communaux ou adjudicataires de fournitures permanentes ou de fermages et services communaux.

(2) *Ancien texte* : Art. 7. Quand il y aura deux vacances de conseillers français ou une vacance de conseiller indigène ou chinois, les membres manquants seront remplacés dans le délai de trois mois après la déclaration de la dernière vacance.

3° Ceux qui sont assujettis à une résidence obligatoire dans la commune en qualité, soit de ministres des cultes reconnus par l'État, soit de fonctionnaires publics. Seront également inscrits les citoyens qui ne remplissant pas les conditions d'âge et de résidence ci-dessus indiquées, lors de la formation des listes. les rempliront avant la clôture définitive.

Art. 9. — Sont éligibles au Conseil municipal comme membres français, sauf les cas d'incapacité et d'incompatibilité prévus par les articles 3 et 4 du présent arrêté, tous les électeurs français ou naturalisés de la commune et les citoyens inscrits au rôle de l'impôt foncier et des patentes, ou justifiant qu'ils devaient y être inscrits au 1er janvier de l'année de l'élection, être âgé de 25 ans accomplis.

Nul ne peut être électeur dans deux communes, ou membre de deux Conseils municipaux. Dans le cas où un électeur aurait été porté sur deux listes, ou élu conseiller municipal dans deux communes, il devrait faire connaître son option dans un délai de 15 jours après la publication des listes ou des résultats de l'élection, faute de quoi, il serait censé avoir opté pour la commune comprenant le plus petit nombre d'électeurs de catégorie.

Art. 10. — Les conseillers municipaux annamites sont élus :

1° Dans les conditions de cens par les tutài, cu'nho'n, tân si, âgés de 21 ans accomplis, domiciliés dans la ville depuis un an au moins ou inscrits au rôle de l'impôt foncier et réclamant leur inscription sur la liste électorale, et par les employés et fonctionnaires annamites tant du Protectorat que de l'administration annamite, du grade de secrétaire ou lettré titulaire de troisième classe ou de tung-thât-phâm et au-dessus, ayant au moins cinq ans de service dans leurs administrations respectives ;

2° Par tous les propriétaires ou patentés annamites payant au moins quinze piastres de contributions directes, âgés de 21 ans, ayant leur domicile réel à Hanoi depuis un an et n'ayant subi aucune condamnation tant des tribunaux français que des tribunaux mixtes ou indigènes, pour les motifs visés par les articles 15 et 16 du décret du 2 février 1852, ou pour rébellion, achat, vente ou recel d'armes, contrebande d'opium, d'armes, etc., et tromperie sur la qualité de la marchandise vendue. Si les propriétaires et patentés se trouvaient en nombre inférieur à celui de 100 pour Hanoi, et 60 pour Haiphong, ils seraient complétés jusqu'à ce chiffre par l'adjonction des plus imposés aux rôles des contributions directes.

Sont éligibles comme membres annamites tous les électeurs annamites âgés de 27 ans au moins, c'est-à-dire, pour l'année 1892, nés en l'année 1865, ne se trouvant dans aucun des cas d'incapacité ou d'incompatibilité visés pas les articles 3 et 4 du présent arrêté.

Art. 11. — Les conseillers municipaux chinois ou asiatiques étrangers sont élus par tous les Chinois ou Asiatiques étrangers remplissant les mêmes conditions de cens et domicile que la seconde catégorie des électeurs annamites (propriétaires ou

Supprimé pour la ville de Hanoi

patentés) et n'ayant subi aucune des condamnations prévues à l'article précédent.

Sont éligibles tous les électeurs asiatiques étrangers âgés de 27 ans accomplis et payant au moins 25 piastres de contributions directes, ne se trouvant dans aucun des cas d'incapacité ou d'incompatibilité prévus par les articles 3 et 4 du présent arrêté.

Art. 12. — Les listes électorales sont dressées chaque année intégralement du 1er au 10 mars par une commission composée du Résident-maire président, d'un délégué du Résident supérieur et d'un délégué du conseil municipal, qui ajoute à la liste précédente les citoyens qui sont reconnus avoir acquis les qualités exigées par la loi, ceux qui acquerront les conditions d'âge et d'habitation avant le 1er avril et ceux qui auraient été précédemment omis, et en retranche :

1· les individus décédés ;

2· Ceux dont la radiation a été ordonnée par l'autorité compétente ;

3· Ceux qui ont perdu les qualités requises par la loi ;

4· Ceux qui sont reconnus avoir été indûment inscrits quoique leur inscription n'ait point été attaquée. Il est tenu par la commission un registre de toutes ces décisions, avec mention des motifs et pièces à l'appui.

Seront rayés comme n'habitant plus la commune les électeurs non inscrits au rôle de l'une des contributions directes qui en seront réellement absents depuis un an au 1er mars de l'année de la confection de la liste.

La liste électorale sera déposée à la mairie au plus tard le 15 mars et un tableau des additions et des radiations opérées sur la liste précédente sera affiché. La liste et le tableau seront communiqués à tout requérant qui pourra les recopier et les reproduire par la voie de l'impression. Le jour même de ce dépôt, avis en sera donné par affiches aux lieux accoutumés. Les demandes en inscription ou en radiation devront être formées dans le délai de 20 jours à partir de la publication des listes ; elles seront soumises à la commission indiquée au 1er paragraphe de cet article, à laquelle seront adjoints deux autres délégués du Conseil municipal.

L'appel des décisions de cette commission sera porté devant le juge de paix ou, à défaut de juge de paix, devant le tribunal de 1re instance qui statuera conformément aux dispositions du décret organique du 2 février 1852 modifiées ou complétées par les lois en vigueur et par le présent arrêté,

Art. 13. L'électeur qui aura été l'objet d'une radiation d'office de la part des commissions désignées par l'article XII ou dont l'inscription aura été contestée sera averti sans frais par le maire et pourra présenter ses observations. Notification de la décision des commissions sera, dans les trois jours, faite par écrit et à domicile, aux parties intéressées par les soins de l'administration municipale. Elles pourront interjecter appel dans les cinq jours de la notification.

Art. 14. — Les élections des conseillers municipaux auront lieu au scrutin de liste pour toute la commune et par catégorie d'électeurs. Le Résident supérieur peut, par arrêté spécial publié dix jours au moins à l'avance, diviser la commune en plusieurs bureaux de vote qui concourront tous à l'élection des mêmes conseillers. Il sera délivré à chaque électeur une carte électorale ; cette carte indiquera le lieu où doit siéger le bureau où il devra voter.

Art. 15 — Les collèges électoraux sont convoqués par arrêté du Résident supérieur. L'intervalle entre la promulgation de l'arrêté et l'ouverture des collèges est de 15 jours francs.

Art. 16. — Le scrutin ne durera qu'un seul jour ; il sera ouvert un dimanche ou un jour férié à 7 heures du matin et clos à 11 heures du matin ; le dépouillement aura lieu immédiatement.

Art. 17. — Les bureaux de vote sont présidés par le maire, les adjoints dans l'ordre de leur nomination et les conseillers municipaux français dans l'ordre du tableau, et, en cas d'empêchement, par des électeurs désignés par le maire.

Art. 18 — Le président a seul la police de l'assemblée. Cette assemblée ne peut s'occuper d'autres objets que de l'élection qui lui est attribuée. Toute discussion, toute délibération lui sont interdites.

Art. 19 — Les deux plus âgés et les deux plus jeunes des électeurs français présents à l'ouverture de la séance, sachant lire et écrire, remplissent les fonctions d'assesseurs. Le secrétaire est désigné par le président et les assesseurs ; dans les délibérations du bureau, il n'a que voix consultative. Trois membres du bureau au moins doivent être présents pendant tout le cours des opérations. Pour chaque catégorie d'électeurs, il y a une urne distincte.

Art. 20. — Le bureau juge provisoirement les difficultés qui s'élèvent sur les opérations de l'assemblée ; ses décisions son motivées. Toutefois les réclamations et décisions sont insérées au procès-verbal, les pièces et les bulletins qui s'y rapportent y sont annexés après avoir été paraphés par le bureau.

Art. 21. — Pendant toute la durée des opérations, une copie de la liste des électeurs certifiée par le maire, contenant les noms, domicile, qualification de chacun des inscrits, reste déposée sur la table autour de laquelle siège le bureau.

Art. 22. — Nul ne peut être admis à voter s'il n'est inscrit sur cette liste, Toutefois seront admis à voter, quoique non inscrit les électeurs porteurs d'une décision judiciaire ordonnant leur inscription ou d'un arrêt de la cour de cassation annulant un jugement qui aurait prononcé leur radiation.

Art. 23. — Nul électeur ne peut entrer dans l'assemblée s'il est porteur d'arme quelconque.

Art. 24. — Les électeurs apportent leurs bulletins préparés en dehors de l'assemblée. Le papier du bulletin doit être blanc et sans signe extérieur. L'électeur remet au président son bulletin fermé. Le président le dépose dans la boîte du scrutin laquelle doit, avant le commencement du vote, avoir été fermée à deux serrures dont les clefs restent, l'une, entre les mains du président, l'autre entre celles de l'assesseur le plus âgé. Le vote de chaque électeur est constaté sur la liste, en marge de son nom, par la signature ou le paraphe initiale de l'un des membres du bureau.

Les bulletins des électeurs annamites et chinois peuvent être écrits en caractères chinois ou annamites, et sur du papier chinois ou annamite ne portant aucun signe extérieur.

Art. 25. —Après la clôture du scrutin, il est procédé au dépouillement de la manière suivante : la boîte du scrutin est ouverte et le nombre de bulletins vérifié.

Si ce nombre est plus grand ou moindre que celui des votants, il en est fait mention au procès-verbal. Le bureau désigne parmi les électeurs présents un certain nombre de scrutateurs Le président et les membres du bureau surveillent l'opération du dépouillement Ils peuvent y procéder eux-mêmes s'il y a moins de 300 votants.

Art. 26. — Les bulletins sont valables bien qu'ils portent plus ou moins de noms qu'il n'y a de conseillers à élire. Les derniers noms inscrits au delà de ce nombre ne sont pas comptés. Les bulletins blancs ou illisibles, ceux qui ne contiennent pas une désignation suffisante, ou dans lesquels les votants se sont fait connaître, n'entrent pas en compte dans le résultat du dépouillement, mais ils sont annexés au procès-verbal ainsi que ceux qui donnent naissance à des contestations ou réclamations.

Ar. 27. — Immédiatement après le dépouillement, le président proclame le résultat du scrutin. Le procès-verbal des opérations est dressé par le secrétaire, Il est signé par lui et les autres membres du bureau. Une copie également signée du secrétaire et des membres du bureau en est aussitôt envoyée au Résident supérieur qui en donne récépissé. Extrait en est immédiatement affiché par les soins du maire. Les bulletins autres que ceux qui doivent être annexés au procès-verbal sont brûlés en présence des électeurs.

Art. 28. --- Nul n'est élu au premier tour de scrutin s'il n'a réuni dans la catégorie d'électeurs à laquelle il appartient

1° La majorite absolue des suffrages exprimés ;

2° Un nombre de suffrages égal au quart de celui des électeurs inscrits.

Au deuxième tour de scrutin, l'élection a lieu à la majorité relative quelque soit le nombre des votants. Si plusieurs candidats obtiennent le même nombre de suffrages, l'élection est acquise au plus âgé. En cas de deuxième tour de scrutin, l'assemblée est de droit convoquée pour le dimanche suivant Le Résident-maire fait les publications nécessaires.

Art. 29. --- Tout électeur ou tout éligible a le droit d'arguer de nullité les opérations de l'assemblée dont il fait partie, c'est-à-dire, les électeurs français, l'élection d'un ou plusieurs conseillers français, les électeurs annamites ou chinois l'élection d'un ou plusieurs conseillers annamites ou chinois.

Les réclamations doivent être consignées au procès-verbal, sinon elles doivent être, à peine de nullité, déposées au secrétariat de la Mairie ou à la Résidence supérieure dans le délai de cinq jours à dater du jour de l'élection.

Le Résident supérieur, s'il estime que les conditions et les formes légalement prescrites n'ont pas été remplies, doit également dans le délai de quinze jours, à dater de la réception du procès-verbal, déférer les opérations électorales au Gouverneur général.

Dans l'un et l'autre cas, le Résident supérieur donne immédiatement connaissance de la réclamation par la voie administrative aux conseillers dont l'élection est contestée, les prévenant qu'ils ont cinq jours pour tout délai à l'effet de déposer leurs défenses au secrétariat de la Mairie ou à la Résidence supérieure. Il est donné récépissé soit des réclamations, soit des défenses.

Art. 30. — Il est statué dans le délai d'un mois, sur les réclamations des particuliers par arrêté du Résident supérieur.

Dans tous les cas où une réclamation implique la solution préjudicielle d'une question d'Etat ou d'une question dont le jugement appartient aux tribunaux, les parties seront renvoyées à se pourvoir devant les juges compétents et la partie doit justifier de ses diligences dans le délai de quinzaine. A défaut de cette justification, il sera passé outre et la décision du Résident supérieur devra intervenir dans le mois à partir de l'expiration de ce délai de quinzaine.

Les recours au Gouverneur général contre un arrêté du Résident supérieur, doivent, à peine de nullité, être déposés au secrétariat de la Mairie ou à la Résidence supérieure dans le délai de dix jours après la notification de cet arrêté aux parties.

Le Résident supérieur donne immédiatement, par la voie administrative, connaissance du recours aux parties intéressées en les prévenant qu'elles ont dix jours pour tout délai, à dater de cette notification, pour déposer leurs défenses au secrétariat de la Mairie ou à la Résidence supérieure. Ces défenses, avec l'avis motivé du Résident supérieur et toutes les pièces de l'instance, sont immédiatement transmises au Gouverneur général qui prononce en dernier ressort.

Art. 31. — Les conseillers municipaux proclamés restent en fonctions jusqu'à ce qu'il ait été définitivement statué sur les réclamations. Dans le cas où l'annulation de tout ou partie des élections est devenue définitive, l'assemblée des électeurs est convoquée dans un délai qui ne peut excéder deux mois.

Art. 32. — Le Conseil municipal pourra être suspendu ou dissous par arrêté motivé du Gouverneur général publié au *Journal officiel*. Dans le cas de dissolution du Conseil municipal, il sera procédé, dans le délai de six mois, à l'élection d'un nouveau Conseil. Provisoirement le Gouverneur général désigne, pour remplir les fonctions du Conseil, une commission dont le nombre ne peut être inférieur à la moitié des conseillers municipaux.

Fonctionnement des Conseils Municipaux

Art. 33. — Les Conseils municipaux se réunissent en session ordinaire quatre fois l'année, en *février, mai, août* et *novembre*. La durée de chaque session est de dix jours hormis pour celle de novembre où est voté le budget et qui dure vingt jours. Les sessions peuvent être prolongées, avec l'autorisation du Résident supérieur. Pendant les sessions ordinaires, le Conseil peut s'occuper de toutes les matières qui rentrent dans ses attributions.

Art 34. — Le Résident supérieur prescrit d'office la convocation extraordinaire du Conseil municipal ou l'autorise sur la demande du maire, toutes les fois que les intérêts de la commune l'exigent.

Le maire réunit le Conseil municipal en session extraordinaire chaque fois que la majorité des membres en exercice le demande. L'objet de la session doit être spécifié d'avance. Le maire devra dans les vingt-quatre heures, demander l'autorisation du Résident supérieur.

Pour toutes les sessions extraordinaires, la convocation doit contenir l'indication des objets spéciaux et déterminés pour lesquels le Conseil doit s'assembler et le Conseil ne peut s'occuper que de ces objets.

Art. 35. — Toute convocation est faite par le maire. Elle est mentionnée au registre des délibérations, affichée à la porte de la mairie, et adressée par écrit et à domicile trois jours francs au moins avant celui de la réunion. En cas d'urgence, le délai peut être abrégé par le Résident supérieur.

Art. 36. — Les conseillers municipaux prennent rang dans chaque tableau suivant un ordre déterminé.

1° Par la date la plus ancienne des nominations ;

2° Entre conseillers élus le même jour par le plus grand nombre de suffrages obtenus ;

3° A égalité de voix par la priorité d'âge.

Un double des tableaux reste déposé dans les bureaux de la mairie où chacun peut en prendre communication et copie.

Art. 37. — Le Conseil municipal ne peut délibérer que lorsque la majorité de ses membres en exercice assiste à la séance. Quand après deux convocations successives, à trois jours au moins d'intervalle et dûment constatées, le Conseil municipal ne s'est pas réuni en nombre suffisant, la délibération prise après la troisième convocation est valable quel que soit le nombre des membres présents. En cas d'urgence, le délai entre les convocations successives peut être abrégé par le Résident Supérieur.

Art 38 — Les délibérations sont prises à la majorité absolue des votants. En cas de partage, sauf le cas de scrutin secret, la voix du Résident-maire est prépondérante. Le vote a lieu au scrutin public sur la demande du quart des membres présents : dans ce cas, les noms des votants, avec la désignation de leurs votes, sont inscrits au procès-verbal. Il est voté au scrutin secret toutes les fois que le tiers des membres présents le réclame ou qu'il s'agit de procéder à une nomination ou présentation. Dans ces derniers cas, après deux tours de scrutin secret, si aucun des candidats n'a obtenu la majorité absolue, il est procédé à un troisième tour de scrutin et l'élection a lieu à la majorité ; à égalité de voix, l'élection est acquise au plus âgé.

Art. 39. — Le maire, et à défaut les adjoints, dans l'ordre de leur nomination, président le Conseil municipal. Dans les séances où les comptes d'administration du maire sont débattus, le Conseil municipal élit son président. Dans ce cas, le maire peut, même quand il ne serait plus en fonctions, assister à la discussion, mais il doit se retirer au moment du vote. Le président adresse directement la délibération au Résident supérieur.

Art. 40. — Au début de chaque session et pour sa durée, le Conseil municipal nomme, au scrutin secret, un de ses membres pour remplir les fonctions de secrétaire. Le secrétaire de la mairie peut lui être adjoint à cet effet et assister, avec l'autorisation du conseil, aux séances, mais sans participer aux délibérations.

Art. 41. — Les séances du Conseil municipal ne sont pas publiques. Les délibérations rédigées en français sont inscrites par ordre de date sur un registre côté et paraphé par le Résident supérieur. Elles sont signées par tous les membres présents à la séance ou mention est faite de la cause qui les a empêchés de signer. Copie en est adressée au Résident supérieur dans la huitaine.

Une traduction en caractères chinois des procès-verbaux des délibérations est inscrite sur un registre spécial.

Tout habitant ou contribuable de la commune a le droit de demander communication sur place et de prendre copie des délibérations du Conseil municipal.

Un extrait daté en est affiché dans les huit jours à la porte de la mairie.

Art. 42. — Tout membre du Conseil municipal qui, sans motifs légitimes, a manqué à trois convocations successives, peut être, après avoir été appelé à fournir ses explications, déclaré démissionnaire par le Résident supérieur, sauf recours au Gouverneur général dans les dix jours de la notification. Exception sera faite pour les conseillers qui auront quitté le Tonkin après en avoir donné avis au conseil.

Cependant tout conseiller qui restera absent du Tonkin pendant plus de neuf mois sera, après ce délai, déclaré démissionnaire.

Les déclarations de démission seront faites par le Résident supérieur sauf recours au Gouverneur général dans les dix jours de la notification.

Art. 43 — Sont nulles de plein droit :

1º les délibérations d'un conseil portant sur un objet étranger à ses attributions ou prises hors de sa réunion légale ;

2º les délibérations prises en violation des lois, décrets ou arrêtés en vigueur en Indo-Chine ou d'un règlement d'administration publique.

Art. 44. — Sont annulables les délibérations auxquelles auraient pris part des membres du Conseil, intéressés soit en leur nom personnel, soit comme mandataires à l'affaire qui en fait l'objet.

Art. 45. — La nullité de droit est déclarée par le Résident supérieur. Elle peut être prononcée par le Résident supérieur, proposée ou opposée par l'administration et les parties intéressées à toute époque.

Art. 46. — L'annulation est déclarée par le Résident supérieur. Elle peut être provoquée d'office par le Résident-maire ou demandée dans un délai de 15 jours à partir de l'affichage de l'extrait à la porte de la mairie par toute personne intéressée et par tout contribuable de la commune, Il en est donné récépissé. Le Résident supérieur statuera dans le délai d'un mois à partir de la notification de la demande d'annulation.

Le Conseil municipal ou les intéressés pourront, dans les dix jours de la notification, se pourvoir devant le Gouverneur général contre l'annulation ou la déclaration de nullité prononcée par le Résident supérieur.

Art. 47. — Le Conseil municipal règle par ses délibérations les affaires de la commune. Il donne son avis toutes les fois que cet avis est requis par les lois et règlements ou qu'il est demandé par l'administration supérieure. Il émet des vœux sur tous les objets d'intérêt local. Il nomme chaque année une commission qui donne son avis sur les rôles de l'impôt foncier et des patentes établis par le contrôleur des contributions directes.

Art. 48. — Ne sont exécutoires qu'après avoir été approuvés par le Résident supérieur :

1º Les conditions des baux dont la durée dépasse cinq ans ;

2º Les aliénations et échanges des propriétés communales ;

3º Les acquisitions d'immeubles, les constructions nouvelles. les reconstructions entières ou partielles, quel qu'en soit le prix. Les projets, plans et devis de grosses réparations et d'entretien quand la dépense totalisée avec les dépenses de même nature pendant l'exercice courant dépasse deux mille piastres ;

4º Les transactions :

5º Le changement d'affectation d'une propriété communale déjà affectée à un service communal ou public.

6º Le classement, le déclassement, le redressement ou le prolongement, l'élargissement, la suppression, la dénomination des rues et places publiques, la création et la suppression des promenades, squares ou jardins publics, champs de foire, de tir ou de course, l'établissement les plans d'alignement et de nivellement des voies publiques municipales, les modifications aux plans d'alignement adoptés :

7º L'acceptation des dons et legs faits à la commune ;

8º Le budget communal ;

9º Les crédits supplémentaires ;

10º L'établissement, la suppression ou les changements des foires ou marchés ;

11° La création d'emplois rétribués même temporaires.

Les délibérations qui ne sont pas soumises à l'approbation du Résident supérieur ne deviendront néanmoins exécutoires qu'un mois après que le dépôt en aura été fait à la Résidence supérieure. Le Résident supérieur pourra, par arrêté, abréger ce délai. .

Art. 49. --- Ne sont exécutoires qu'après avoir été approuvées par le Gouverneur général les délibérations créant, supprimant ou modifiant les taxes, fermages. monopoles, redevances de toute nature, établissant des contributions extraordinaires ou décidant des emprunts ou des prêts.

Art. 50. --- Le Conseil municipal est toujours appelé à donner son avis sur les objets suivants :

1° Les projets d'alignement et de nivellement de grande voirie dans l'intérieur de la commune ;

2° La création des bureaux de bienfaisance ;

3° L'acceptation des dons et legs faits aux établissements de charité et de bienfaisance, les autorisations d'emprunter, d'acquérir, d'échanger, d'aliéner, de plaider ou de transiger, demandées par ces mêmes établissements, les budgets et les comptes de ces établissements lorsqu'ils reçoivent des secours sur les fonds communaux ;

4° Le mode d'assiette, les tarifs et les règles de perception de l'octroi de mer ;

5° Enfin tous les objets sur lesquels le Conseil municipal est appelé par les lois et règlements à donner son avis ou sera consulté par l'administration du Protectorat.

Lorsque le Conseil municipal à ce régulièrement requis et convoqué refuse ou néglige de donner son avis, il peut être passé outre.

Art. 51. --- Le Conseil municipal délibère sur les comptes d'administration qui lui sont annuellement présentés par le maire conformément à l'article 88 du présent arrêté. Il entend, débat et arrête les comptes de deniers des receveurs, sauf règlement définitif par le Résident supérieur.

Art. 52. --- Il est interdit à tout Conseil municipal soit de publier des proclamations ou adresses, soit d'émettre des vœux politiques.

La nullité des actes et des délibérations prises en violation de cet article sera prononcée par le Résident supérieur et le Conseil municipal suspendu, sans préjudice, s'il y a lieu. de l'application de l'article 123 du Code pénal.

Du Résident-maire. — Des adjoints

Art. 53. --- Les fonctions d'adjoint et de Conseiller municipal sont gratuites.

Art. 54. --- La solde de grade du Résident-maire lui est payée sur les fonds du Protectorat.

Des frais de représentation lui sont alloués sur le budget municipal. La quotité de cette allocation est exclusivement fixée par arrêté du Gouverneur général, elle fait partie des dépenses obligatoires.

Art. 55. — Les adjoints sont nommés pour la même durée que le Conseil municipal.

Art. 56. — Le maire est seul chargé de l'administration, il ne peut déléguer aucune partie de ses fonctions. En cas d'absence ou d'empêchement, il est remplacé par le premier adjoint ou à défaut de celui-ci par le second.

Art. 57. — Dans le cas où le maire refuserait ou négligerait de faire un des actes qui lui sont prescrits par la loi, le Résident supérieur peut y procéder d'office par un délégué spécial

Art. 58. — Les adjoints peuvent être suspendus par arrêté du Résident supérieur pour un temps qui ne pourra excéder trois mois. Ils ne peuvent être révoqués que par arrêté du Gouverneur général.

Art. 59. (1) — Le maire nomme le secrétaire de la mairie et les employés du secrétariat, les employés et agents de la voirie, les gardiens et surveillants des abattoirs, fourrières et marchés et avec l'agrément du Résident supérieur, les agents de la police municipale, moins les commissaires de police. Le chef du secrétariat, l'agent-voyer et les agents de police ne peuvent être suspendus ou révoqués que par arrêté du Résident supérieur pris sur la proposition du maire.

Les nominations, suspensions ou révocations de toute nature prononcées par un intérimaire ne seront exécutoires qu'après approbation du Résident supérieur.

Le maire peut faire assermenter et commissionner les agents nommés par lui mais à la condition qu'ils soient agréés par le Résident supérieur.

Aucune création d'emplois rétribués, même temporaires, ne peut être faite, aucune augmentation de solde, aucune indemnité ou gratification en argent ou en nature ne peut être attribuée à un agent ou employé de la commune ou à toute autre personne, que sur la proposition du maire faite avec l'approbation préalable du Résident supérieur.

Art. 60. — Lorsque le maire procède à une adjudication publique pour le compte de la commune, il est assisté de deux membres du Conseil municipal désignés d'avance par le conseil ou à défaut de cette désignation, appelés dans l'ordre du tableau. Le receveur municipal est appelé à toutes les adjudications Toutes les difficultés qui peuvent s'élever sur les opérations préparatoires de l'adjudication sont résolues séance tenante par le maire et les deux assistants à la majorité des voix, sauf les recours de droit.

Art. 61. — Le maire est chargé, sous le contrôle du Conseil municipal et la surveillance de l'administration supérieure :

---

(1) Modifié et complété par les arrêtés de M. le Gouverneur général en date du 11 juin 1904 et 3 janvier 1905, organisant le personnel des municipalités de Hanoi et de Haiphong.

1º De conserver et d'administrer les propriétés de la commune et de faire en conséquence tous actes conservatoires de ses droits ;

2º De gérer les revenus, de surveiller les établissements communaux et la comptabilité communale ;

3º De préparer et proposer le budget et ordonnancer les dépenses ;

4º De diriger les travaux communaux ;

5º De pourvoir aux mesures relatives à la voirie municipale :

6º De souscrire les marchés, de passer les baux des biens et les adjudications des travaux communaux dans les formes établies par les lois et règlements ;

7º De passer dans les mêmes formes les actes de vente, échanges, partages, acceptation des dons ou legs, acquisitions, transactions, lorsque ces actes ont été autorisés conformément au présent arrêté ;

8º Et d'une manière générale, d'exécuter les décisions du Conseil municipal.

Art. 62. — Le maire est chargé, sous la surveillance de l'administration supérieure, de la police municipale et de l'exécution des actes de l'autorité supérieure qui y sont relatifs.

Art. 63. — Le maire est chargé sous l'autorité de l'administration supérieure :

1· De la publication et de l'exécution des lois et règlements ;

2· De l'exécution des mesures de sûreté générale.

3· Des fonctions spéciales qui lui sont attribuées par les lois et arrêtés.

Art. 64. --- Le maire prend des arrêtés à l'effet :

1· D'ordonner les mesures locales sur les objets confiés par les lois à sa vigilance et à son autorité ;

2· De publier de nouveau les lois et les règlements de police et de rappeler les citoyens à leur observation.

Art. 65. --- Les arrêtés pris par le maire sont immédiatement adressés au Résident supérieur qui peut les annuler ou en suspendre l'exécution. Ceux de ces arrêtés qui portent règlement permanent ne seront exécutoires qu'un mois après la remise de l'ampliation. Le Résident supérieur peut abréger ce délai.

Art. 66. --- Les arrêtés du maire ne sont obligatoires qu'après avoir été portés à la connaissance des intéressés, par voie de publication et d'affiches en français et en chinois, toutes les fois qu'ils contiennent des dispositions générales, et, dans les autres cas, par voie de notification individuelle. La publication est constatée par une déclaration certifiée par le maire. La notification est établie par le récépissé de la partie intéressée, ou, à son défaut, par l'original de la notification conservé dans les archives de la mairie. Les arrêtés, actes de publication et de notification sont inscrits à leur date sur le registre de la mairie.

Art. 67. — La police municipale a pour objet d'assurer le bon ordre, la sûreté et la salubrité publiques. Elle comprend notamment :

1° Tout ce qui intéresse la sûreté et la commodité du passage dans les rues, quais, places et voies publiques, ce qui comprend le nettoiement, l'éclairage (CF. CP. art. 471. 3°—4°), l'enlèvement des encombrements CF. CP. art. 471, 3°—4°), la démolition ou la réparation des édifices menaçant ruine, l'interdiction de rien exposer aux fenêtres ou aux autres parties des édifices qui puisse nuire par sa chûte ou celle de rien jeter qui puisse endommager les passants ou causer des exhalaisons nuisibles ;

2° Le soin de réprimer les atteintes à la tranquillité publique, telles que les rixes et disputes accompagnées d'ameutement dans les rues, le tumulte excité dans les lieux d'assemblée publique, les attroupements, les bruits et rassemblements nocturnes (CF. L. 7 juin 1884, CP. 479, 480) qui troublent le repos des habitants, et tous actes de nature à compromettre la tranquillité publique (CF. CP. art. 479, 8· et 480, 5·) :

3° Le maintien du bon ordre dans les endroits où il se fait de grands rassemblements d'hommes, tels que les foires, marchés, réjouissances et cérémonies publiques, spectacles, jeux. cafés CL. L. 17 juillet 1880, article 9) églises, pagodes et autres lieux publics (CF. L. 30 juin 1881, article 9);

4° Le mode de transport des personnes décédées, les inhumations et exhumations, le maintien du bon ordre et de la décence dans les cimetières, sans qu'il soit permis d'établir des distinctions ou des prescriptions particulières à raison des croyances ou du culte du défunt ou des circonstances qui ont accompagné sa mort CF. C. Cl 4 article 77, C. P. article 358, 1°; D. 23 prairial an XII ; LL. iv. novembre 1881, 17 novembre 1887 ;

5° L'inspection sur la fidélité du débit des denrées qui se vendent au poids ou à la mesure, et sur la salubrité des comestibles exposés en vente (CF. L. 27 mai 1851).

6° Le soin de prévenir, par des précautions convenables et celui de faire cesser, par la distribution des secours nécessaires les accidents et les fléaux calamiteux, tels que les incendies, les' innondations, les maladies épidémiques ou contagieuses, les épizooties (L. 21 juillet 1881), en provoquant, s'il y a lieu, l'intervention de l'administration supérieure ;

7° Le soin de prendre provisoirement les mesures nécessaires contre les aliénés dont l'état pourrait compromettre la morale publique, la sécurité des personnes ou la conservation des propriétés ;

8· Le soin d'obvier ou de remédier aux événements fâcheux qui pourraient être occasionnés par la divagation des animaux malfaisants ou féroces.

Art. 68. — Le maire a la police des routes et rues de grande voirie dans l'intérieur des communes, mais seulement en ce qui touche à la circulation sur les dites voies (CF. C. P. article 471). Il peut moyennant le paiement de droits fixés par un tarif dûment établi, sous les réserves imposées par l'article 7 de la loi du 11 frimaire an VII, donner des permis de stationnement ou de dépôt temporaire sur la voie publique, sur les rivières, ports et quais fluviaux et autres lieux publics.

Les alignements individuels, les autorisations de bâtir, les autres permissions de voirie, sont délivrés par l'autorité compétente, après que le maire aura donné son avis, dans le cas où il ne lui appartient pas de les délivrer lui-même. Les permissions de voirie à titre précaire ou essentiellement révocables sur les voies publiques, qui sont placées dans les attributions du maire et ayant pour objet, notamment l'établissement dans le sol de la voie publique des canalisations destinées au passage ou à la conduite soit de l'eau, soit du gaz, peuvent, en cas de refus du maire non justifié par l'intérêt général, être accordées par le Résident supérieur.

Art. 69. — Les pouvoirs qui appartiennent au maire, en vertu de l'article 64 ne font pas obstacle au droit du Résident supérieur de prendre, dans tous les cas où il n'y aurait pas été pourvu par les autorités municipales, et après invitation au maire restée sans résultat, toutes les mesures relatives au maintien de la salubrité, de la sûreté et de la tranquillité publiques.

Art. 70. — L'organisation du personnel chargé du service de la Police est réglée, après avis du Conseil municipal, par le Gouverneur général sur la proposition du Résident supérieur. Si un Conseil municipal n'allouait pas les fonds exigés pour la dépense ou n'allouait qu'une somme insuffisante, l'allocation nécessaire serait inscrite au budget par arrêté du Résident supérieur, Les inspecteurs de police, brigadiers et sous-brigadiers et les agents de police nommés par le maire doivent être agréés par le Résident supérieur.

De l'administration des communes

Art. 71. — La vente des biens mobiliers et immobiliers des communes autres que ceux servant à un usage public peut être autorisée sur la demande de tout créancier porteur de titre exécutoire par un arrêté du Gouverneur général qui détermine les formes de la vente.

Art. 72. — Si une donation ou un legs ont été faits à un hameau ou portion de commune, qui n'est pas à l'état de section ayant la personnalité civile, les habitants de ce hameau ou portion de commune appartenant à toutes les catégories d'électeurs seront appelés à élire en commun une commission de cinq membres composée de trois Européens deux Annamites ou Chinois qui délibérera sur l'acceptation de la libéralité. Si ce quartier n'avait pas au moins vingt électeurs de toute catégorie la commission serait nommée par le maire. Dans tous les cas l'autorisation d'accepter ne pourra être accordée que par arrêté du Résident supérieur après avis du Conseil municipal.

Art. 73. — Aucune construction nouvelle ou reconstruction ne peut être faite que sur la production des plans et devis approu-

vés par le Conseil municipal sauf les exceptions prévues par les
lois spéciales. Les plans et devis sont, en outre, approuvés par
le Résident supérieur.

Art. 74. — Le Résident supérieur approuve également toutes
les adjudications de travaux, les marchés de gré à gré supérieurs
à 250 $. Les concessions à titre exclusif des grands services mu-
nicipaux sont soumis à l'approbation du Gouverneur général.

Des actions judiciaires

Art. 75. — Nulle commune ne peut ester en justice sans être
autorisée par le Résident supérieur, sauf les cas prévus par les articles 76 et 91 du présent arrêté. Après tout jugement intervenu,
la commune ne peut se pourvoir devant un autre degré de juridic-
tion qu'en vertu d'une nouvelle autorisation du Résident supérieur.

Art. 76 — Le Résident-maire peut toujours, sans autorisation
préalable, faire tous actes conservatoires ou interruptifs des dé-
chéances. Il peut sans autre autorisation interjeter appel de tout
jugement et se pourvoir en cassation, mais il ne peut ni suivre
sur son appel, ni suivre sur le pourvoi qu'en vertu d'une nouvelle délibératien du Conseil municipal et d'une nouvelle approbation du Résident supérieur.

Art. 77. — Les articles 124, 125, 126 et 127 de la loi du 5 avril
1884 relatifs aux actions à intenter aux communes sont déclarés
applicables aux communes constituées en vertu du présent
arrêté. Les attributions du préfet et du Conseil de préfecture
seront exercées par le Résident supérieur. Les communes pourront se pourvoir devant le Gouverneur général côntre les décisions dn Résident supérieur.

Du budget communal

Art. 78. — Le budget communal se divise en budget ordinaire
et budget extraordinaire.

Art. 79. — Les recettes du budget ordinaire se composent ;

1º Des revenus de tous les biens dont les habitants n'ont pas la
jouissance en nature ;

2º Des cotisations imposées annuellement sur les ayants droit
aux fruits qui se perçoivent en nature ;

3º Du produit total des contributions directes qui est concédé
aux municipalités pour la durée du présent arrêté, savoir : l'impôt
foncier, l'impôt des patentes, la capitation des Asiatiques étrangers, l'impôt personnel et les corvées des inscrits indigènes.
L'assiette et la quotité de ces impôts ne pourront être modifiées
que par arrêté du Gouverneur général. L'établissement des rôles,
le recouvrement de leur produit aura lieu exclusivement par les
soins et aux frais de l'administration du Protectorat.

L'impôt personnel et les prestations pourront être remplacés
par une taxe spéciale dont seront exempts tous ceux qui, en
vertu de réglements et de la coutume. sont exempts de l'impôt
personnel et des corvées ;

4º Du produit des bacs établis dans les limites des communes et à elles concédé pour la durée du présent arrêté sous la réserve des charges imposées par l'article 50 de la loi du 6 frimaire an VII avec les modifications apportées par les cahiers des charges actuellement en vigueur. Les bacs restant un domaine de l'Etat dont la jouissance seulement est concédée, les cahiers des charges les concernant devront être dressés par les soins du Résident supérieur après avis du Conseil municipal ;

5· Du produit des droits de place perçus dans les halles, foires, marchés, abattoirs, d'après les tarifs dûment établis ;

6· Du produit des permis de stationnement et de location sur la voie publique, sur les rivières, ports et quais fluviaux et autres, lieux publics, même ressortant de la grande voirie ;

7· Du produit des péages communaux, des droits de pesages mesurage et jaugeage des droits de voirie et autres droits légalement établis ;

8· Du prix des concessions dans les cimetières communaux et de leurs produits ;

9· Du produit des concessions d'eau et de l'enlèvement de boues et immondices de la voie publique et autres concessions autorisées pour les services communaux ;

10· Du produit des expéditions des actes administratifs et des actes de l'état civil ;

11· De la portion que les lois accordent aux communes dans les produits des amendes prononcées par les tribunaux de police et de simple police ;

12· Et généralement du produit des contributions, taxes et droits dont la perception est autorisée par les réglements.

Art. 80. -- Les recettes du budget extraordinaire se composent :
1· Des contributions extraordinaires dûment autorisées ;
2· Du prix des biens aliénés ;
3· Des dons et legs ;
4· Du remboursement des capitaux exigibles et des rentes rachetées ;
5· Du produit des emprunts et de toutes autres recettes accidentelles.
6· Des subventions du Protectorat.

Art. 81. -- Sont obligatoires pour les communes les dépenses suivantes :
1· L'entretien de l'hôtel de ville ;
2· Les frais de bureau et d'impression pour le service de la commune ; l'abonnement au *Bulletin des lois* ;
3· Les frais des assemblées électorales ;
4· Les frais des registres de l'Etat civil et la portion des tables décennales à la charge de la commune ;
5· Le traitement ou les remises du receveur municipal et les frais de perception ;
6· Les traitements et autres frais du personnel de la police municipale, sauf celui du commissaire de police.

7· Les grosses réparations aux édifices communaux et leur entretien.

8· La clôture et l'entretien des cimetières communaux :

9· Les frais d'établissement, de conservation et de tenue à jour des plans d'alignement et de nivellement :

10· Les contributions et prélèvements établis par les règlements sur les biens et revenus communaux.

11· L'acquittement des dettes exigibles ;

12· Le traitement du secrétaire et des employés de la mairie, de l'agent-voyer et des employés de la voirie, les frais de représentation du Résident-maire :

13· Les dépenses occasionnées par l'application de l'article 57 du présent arrêté.

Toutes dépenses autres que les précédentes sont facultatives.

Vote et règlement du Budget

Art. 82. — Le budget de chaque commune est proposé par le maire, voté par le Conseil municipal et réglé par le Résident supérieur. Lorsqu'il pourvoit à toutes les dépenses obligatoires et que les dépenses facultatives ne sont contraires à aucune prescription des lois ou des règlements, les allocations qui leur sont affectées ne peuvent être modifiées par l'autorité supérieure.

Art. 83. — Les crédits qui seront reconnus nécessaires après le règlement du budget sont délibérés conformément aux articles précédents et autorisés par le Résident supérieur.

Art. 84. — Dans le cas où, par une cause quelconque, le budget de la commune n'aurait pas été approuvé avant le commencement de l'exercice, les recettes et dépenses ordinaires continueront jusqu'à l'approbation de ce budget, à être faites conformément à celui de l'année précédente.

Art. 85. — Les conseils municipaux peuvent porter au budget un crédit, pour les dépenses imprévues. La somme inscrite pour ce crédit, qui ne peut être supérieure au dixième des recettes ordinaires ne peut être réduite ou rejetée qu'autant que les revenus ordinaires, après avoir satisfait à toutes les dépenses obligatoires, ne permettraient pas d'y faire face.

Le crédit pour dépenses imprévues est employé par le maire sur l'autorisation du Résident supérieur.

Dans la première session qui suivra l'ordonnancement de chaque dépense, le maire rendra compte au Conseil avec pièces à l'appui, de l'emploi de ce crédit.

Art. 86. — L'arrêté du Résident supérieur qui règle le budget d'une commune peut rejeter ou réduire les dépenses qui y sont portées, sauf les cas prévus aux articles 82 et 85, mais il ne peut les augmenter ni en introduire de nouvelles qu'autant qu'elles sont obligatoires.

Art. 87 — Si le Conseil municipal n'allouait pas les fonds exigés pour une dépense obligatoire ou n'allouait qu'une somme insuffisante, l'allocation nécessaire serait inscrite au budget par arrêté du Résident supérieur.

Aucune inscription d'office ne peut être opérée sans que le Conseil municipal ait été au préalable appelé à prendre une délibération spéciale à ce sujet. S'il s'agit d'une dépense annuelle et variable, le chiffre en est fixé sur sa quotité moyenne pendant les trois dernières années. S'il s'agit d'une dépense annuelle et fixe de sa nature, ou d'une dépense extraordinaire, elle est inscrite pour sa quotité réelle.

Si les ressources de la commune sont insuffisantes pour subvenir aux dépenses obligatoires inscrites d'office en vertu du présent article, il y est pourvu par le Conseil municipal ou, en cas de refus de sa part, au moyen d'une contribution extraordinaire établie d'office par arrêté du Gouverneur général.

Comptabilité des communes

Art. 88. — Les comptes du maire pour l'exercice clos sont présentés au Conseil municipal avant la délibération du budget. Ils sont définitivement approuvés par le Résident supérieur.

Art. 89 — Le maire peut seul délivrer des mandats. S'il se refusait à ordonnancer une dépense régulièrement autorisée et liquide, il sera statué par le Résident supérieur dont l'arrêté tiendrait lieu de mandat.

Art. 90. — Les recettes et dépenses communales s'effectuent par un comptable chargé, seul et sous sa responsabilité, de poursuivre la rentrée de tous revenus de la commune et de toutes sommes qui lui seraient dues ainsi que d'acquitter les dépenses ordonnancées par le maire jusqu'à concurrence des crédits régulièrement accordés. Tous les rôles de taxe, de sous-répartition et de prestations locales doivent être remis à ce comptable.

Art. 91. — Toutes les recettes municipales pour lesquelles les lois et règlements n'ont pas prescrit un mode spécial de recouvrement s'effectuent sur les états dressés par le maire. Ces états ne sont exécutoires qu'après qu'ils ont été visés par le Résident supérieur.

La commune peut défendre aux oppositions sans autorisation du Résident supérieur.

Art. 92. — Toute personne autre que le receveur municipal qui, sans autorisation légale, se serait ingérée dans le maniement des deniers de la commune sera, par ce seul fait, constituée comptable sans préjudice des poursuites qui pourront être exercées contre elle.

Art. 93. — Les recettes et les dépenses des communes s'effectuent par les soins du préposé payeur du trésor qui sera rémunéré pour ce service au moyen d'une remise de 1 o/o jusqu'à 10.000 $, 1/2 o/o de 10.000 à 20.000 $ et 1/4 o/o au-dessus de 20.000 $.

Ar. 94. — Les comptes du receveur municipal sont apurés par le Résident supérieur. Les dispositions du décret du 20 novembre 1882 continueront d'être appliquées à la comptabilité communale et au receveur municipal en tout ce qui n'est pas contraire au présent arrêté.

Art, 95. — Le budget et les comptes de la commune restent déposés à la mairie où tout contribuable a le droit d'en prendre connaissance.

Art. 96. Sont abrogés l'arrêté du 19 juillet **1888** et généralement toutes les dispositions antérieure ou contraires au présent arrêté.

Art. 97. --- La première liste électorale sera dressée du 10 au 15 janvier 1892 par la commission désignée au premier paragraphe de l'article XII. Les membres du Conseil municipal actuel nommeront un d'entre eux pour en faire partie.

La liste sera affichée le 16 janvier au matin, les demandes en inscription ou en radiation devront être fournies dans le délai de cinq jours francs et jugées par la commission dans le délai de trois jours.

Art. 98. - - Le Résident supérieur au Tonkin est chargé de l'exécution du présent arrêté qui sera affiché et publié partout où besoin sera

Hanoi, le 31 décembre 1891.

DE LANESSAN.

Cet arrêté a été calqué en bien des points sur la loi municipale du 5 avril 1884

La Ville est administrée par un Maire, fonctionnaire désigné par le Gouverneur Général, sur la présentation du Résident Supérieur (art. 2 -- § 6 de l'arrêté du 31 Décembre 1891.)

Le Conseil municipal est composé de 12 Membres Français ou naturalisés, élus par le suffrage universel, et de 4 membres annamites, élus par les Tu-tai, Cu-nhan, Tiên-Si âgés de 21 ans accomplis, domiciliés dans la ville depuis un an au moins, et par tous les propriétaires ou patentés Annamites, ayant **21** ans accomplis, habitant la ville de Hanoi depuis un an au minimun et payant au moins 15 piastres de contributions directes.

Les rues de la Ville de Hanoi sont administrées par les chefs de rues élus par les contribuables fonciers, patentés ou acquittant la taxe municipale, qui a été substituée à l'impôt personnel des inscrits, appliqué dans les provinces du Tonkin.

Au point de vue administratif, les chefs de rues sont placés sous les ordres du Hiêp Ly qui relève lui même du maire.

Les Conseillers municipaux Européens et indigènes sont élus pour une période de trois années et proposent au Résident Supérieur dès leur constitution. les Conseillers européens chargés de remplir les fonctions d'adjoints.

Les dernières élections ont eu lieu en 1904.

Conseil municipal

Le conseil municipal, pour la période de 1904 à 1907, est ainsi composé :

MM. GAUTRET, Fernand, ✸ Maire de Hanoi.

METTETAL, Frédéric, ✻ ✸ 1er Adjoint.

MEIFFRE, Henri ✸ 2e Adjoint.

Conseillers Européens

MM. GODARD, Sébastien ✳ ❀
    FORT, Georges
    SAVELON, Jean Baptiste
    CAMIN, Pierre
    SERRA, Emile
    Dʳ LE LAN, Victor ❀
    ABT GARNIER, André
    BERNHARD, Daniel
    FABRY, Marie
    PELLOUX, Louis

Conseillers Indigènes

MM. PHAM HUU HOANH,
    VU HUY QUANG,
    BUI DINH THONG,
    NGUYEN HOANG LUU,

Fonctionnement des services municipaux

M. GAUTRET Fernand ❀ maire de Hanoi. ❀

M. VAN RAVESCHOT, Edouard, ❀ Secrétaire Général.

Les services municipaux, concentrés sous les ordres du Maire par le Secrétaire Général, sont divisés en cinq branches dont les attributions sont les suivantes :

Secrétariat

Dépouillement et enregistrement de la correspondance et documents divers à l'adresse du Maire de Hanoi.

Centralisation de la signature et répartition, suivant les ordres du Maire des affaires entre les divers bureaux ou services. Enregistrement de la corsespondance au départ. Communication des ordres, arrêtés et décisions intéressant les divers Services et Bureaux — Affaires confidentielles. Affaires spéciales en dehors des attributions des divers bureaux. Procès-verbaux des Commissons et des séances du Conseil muninicipal. Préparation des arrêtés, décisions et ordres de service. Tenue des contrôles nominatifs du personnel et conservation des dossiers et archives.

Préparation des nominations, promotions et mutations. — Distinctions honorifiques. Punitions disciplinaires. Instruction des demandes d'emploi. Certificats de bonne vie et mœurs, de résidence, d'identité, d'indigence et tous autres, certificats divers Légalisations de signatures et visas divers. Autorisations pour les fêtes publiques, particulières et autres — Assistance publique Répartition et distribution des secours. Rapatriement, hospitalisation, congés, passages, délivrance des réquisitions et ordres de route-Enregistrement des demandes de mandats sur la Caisse Centrale --- Centralisation des cahiers des charges, baux et contrats préparés par les bureaux et services compétents --- Procès-verbaux d'adjudication et appels d'offres --- Contentieux --- Abonnement aux journaux et recueils administratifs --- Bibliothèque communiqués à la Presse. Etat Civil européen et indigène -- Administration du cimetière et services accessoires Inhumations -- Exhumations --- Translations -- Concessions -- Pompes funèbres Délivrance des actes de l'Etat Civil --- Statistiques recrutement et engagements volontaires -- Conseil de révision -- Demande de naturalisation --- Déclarations de résidence des Etrangers -- Statistique et pièces périodiques --- Assistance judiciaire --- Listes électorales --- Elections municipales et des chefs de rues --- Questions relatives à la solde et aux indemnités de toute nature à allouer au personnel. Préparation des cahiers des charges et appels d'offres pour fournitures autres que celles se rapportant à la Voirie --- Autorisation d'achats. Service intérieur de la Mairie au point de vue « matériel et Personnel.

Personnel du Secrétariat.

MM. SIEYE, Victor OI ❀ Chef de Bureau du Secrétariat,
METAILLER, Pierre Scipion, commis rédacteur ;
WILKIN, Jean Constantin. —
LAMOTHE, Pierre, commis comptable :

Comptabilité

Etude, préparation et établissement du Budget mandatement des soldes, établissement des livrets de solde et pièces accessoires des agents municipaux partant en congé --- Ordonnancement des situations financières périodiques et des transmissions de la métropole --- Ordres de recettes. -- Perception des contributions et taxes non encaissées par le Trésor, pousse pousse, livrets de boys, produit des marchés, dépôt de matériaux, permis de circulation, fourrière, cartes de taxes municipales. Service des emprunts contractés -- Dettes exigibles -- Paiement des annuités, amortissement -- comptabilité des dépenses engagées. Questions générales de comptabilité » matières et finances ».

Situations financières périodiques. Etablissement du compte administratif et du Budget supplémentaire --- Dépôt de pièces comptables et archives de la comptabilité.

Personnel de la comptabilité

MM. MATHIOT, Jules Joanny, Chef du Bureau de la comptabilité.

BRENIER, Jules, Auguste, commis comptable.

DUSSUTOUR, Edouard, commis comptable.

Contributions

Etablissement des rôles de l'impôt foncier et des patentes, capitations des asiatiques étrangers, délivrance et visa des passeports et laissez-passer, permis de port d'armes. Examen des réclamations et demandes en modération ou dégrèvement pour l'impôt foncier et des patentes. Déclarations d'ouverture de commerce et autres, de café, débits de boissons. etc,

Personnel des Contributions

MM. CHAUVET, Paul, Contrôleur des Contributions, (en congé)

DUMONT, Charles, administrateur des Services civils, Contrôleur p. i.

KRUG, Adolphe. Commis comptable.

WALD, Fernand. —

Voirie — Eaux — Eclairage

Examen et étude de toutes les questions relatives aux travaux de toute nature concernant : la création, l'amélioration, l'entretien et le classement des voies de communication, des rues de petite voirie, la construction et l'entretien des bâtiments communaux et du petit matériel de voirie, des égouts, des alignements et nivellements, l'arrosage, les bouages, l'éclairage (électricité, pétrole, acétylène), l'entretien des squares et jardins publics, kiosque de la musique, statues et monuments publics etc..

Entretien du théâtre municipal et construction du nouveau théâtre.

Préparation des appels d'offres et cahiers des charges relatifs aux fournitures et travaux concernant le service de la Voirie et des bâtiments communaux. Projets arrêtés par l'architecte voyer, avec rapports à l'appui et pièces préparatoires à l'adjudication ou à l'appel d'offres.

Certificats de capacité pour adjudications.

Organisation matérielle des fêtes publiques -- Autorisation de voirie et de constructions, alignements, préparation des loyers, baux, contrats, expropriations, ventes, achats, échanges et locations de terrains à soumettre à l'approbation du Conseil municipal.

Surveillance et contrôle des services des Eaux et de l'Eclairage -- Examen et étude des questions relatives aux travaux de toute nature en ce qui concerne les eaux et l'électricité.

Préparation des cartes et plans, tenue à jour de la matrice cadastrale -- Etude et préparation du règlement des eaux, mise à jour des polices d'abonnement aux eaux de la ville.

Comptabilité relative à l'emploi des matières, feuilles de salaires, carnet d'attachement etc...

Personnel de la Voirie

MM. MALABARD, Firmin, Architecte voyer, chef de service.

    N. . . . . Chef de bureau de la voirie.

    WILHELM, Marius, Conducteur de la Voirie, (en congé)

    PIERRE, Auguste, agent temporaire remplissant les fonctions de Conducteur p. i. de la Voirie.

    HARLAY, Victorin, Inspecteur des bâtiments civils, chargé de la surveillance du théâtre en construction.

    CARRELET, Marie, Contrôleur des Eaux et de l'Eclairage.

    COLOMBET, Charles,   Commis de la Voirie (en congé)

    DUQUESNE, Gaston,   ---

    FAYS, André. Marie,   ---

    ROBERT, Remy. Philippe,   ---

    BRIAN, Gabriel. Louis.   ---

    BEAUSIRE, Emile.   ---

    MEGY, Louis,   ---

    LAFORGE Jean, Louis,   Jardinier

    MANTE, Louis, Mécanicien des rouleaux compresseurs à vapeur

    MORIN, Jean, Aimé,   Surveillant (en congé)

    PICARD, Jean   ---

    CARRÉ, Alphonse,   ---

    LACROIX, Claude,   Agent temporaire

    BETTENFELD, Pierre,   ---

    COLLET, Marius.   ---

    CHARMEAU, Louis,   ---

Police

La police municipale de Hanoi, organisée par l'arrêté du 31 décembre 1891 constitutif des municipalités de Hanoi et de Haiphong, a été réorganisée en ce qui concerne le personnel, par l'arrêté du Gouverneur Général en date du 14 juin 1904.

De plus, l'arrêté du 30 décembre 1901, portant organisation de la Police Administrative et Judiciaire au Tonkin, a défini les attributions de la police municipale, qui demeure spécialement chargée de la sûreté et de la salubrité publique, de la Voirie municipale, de la répression des délits contre la tranquillité publique, du maintien du bon ordre dans les endroits et établissements publics de la ville ; elle prévient les accidents et fléaux calamiteux tels que les incendies, les épidémies, etc., provoquant dans ce but, les ordres du Maire et des autorités de la Colonie. Elle tient la main à l'exécution des lois et règlements de police. La police municipale est dirigée par le Commissaire Central sous l'autorité du maire.

Règlementation du service

Au point de vue de la police, la ville de Hanoi est partagée en deux arrondissements dirigés chacun par un Commissaire. Les agents sont répartis dans les arrondissements, suivant les besoins du service.

Le personnel européen de la police municipale comprend : 2 secrétaires, 2 inspecteurs, 2 brigadiers, 6 sous brigadiers et 53 agents européens. Total : 65.

Le personnel indigène se compose de 2 interprètes, 2 brigadiers, 6 sous brigadiers et 92 agents indigènes. Total : 102.

Les agents fournissent par jour un minimun de huit heures de service sur la voie publique. Ils sont répartis en trois bordées, ou tours ; savoir :

1er tour : 7 heures à 11 heures,

2e tour : 11 heures à 3 heures,

3e tour : 3 heures à 7 heures.

Les agents gardent la nuit leur tour de service de jour. Les tours changent 2 fois par semaine : le jeudi et le dimanche.

Chaque agent prend à tour de rôle pendant 24 heures la permanence au Commissariat, il se fait apporter ses repas et couche au poste. Il a droit ensuite à 24 heures de repos.

La police municipale est également chargée du service d'incendie ; deux pompes existent dans chaque commissariat, un agent est spécialement chargé de leur manœuvre et de leur entretien, qu'il enseigne aux agents indigènes.

Enfin, les divers services ci-après Marchés, Abattoirs, Cimetières, Dispensaire, Lazaret, Mont de piété, relèvent au point de vue administratif du Secrétaire général de la Mairie, Chef de tout le personnel municipal.

Ces services sont assurés par les agents ci-après :

Marchés

M. PETIT, Edmond, Surveillant principal des halles et marchés, chargé d'assurer, avec les collecteurs indigènes, la perception des droits de place dans les halles et marchés et les droits de stationnement des marchands ambulants, en ville.

Abattoirs

M. GILLE, Etienne, Contrôleur des abattoirs, chargé de la surveillance, de la perception des droits d'abattage par l'adjudicataire, lequel verse 75 o/o de ses recettes à la ville.

M. CAMBOULIVES vétérinaire en 1er est chargé de l'examen des bestiaux et des viandes de boucherie.

Cimetières

M. DOYONNARD, Léopold, Gardien du Cimetière de la route de Hué, chargé de son entretien et de la direction des fossoyeurs.

Mont de Piété

Exploité par un fermier M. MICHAUD, moyennant paiement d'une redevance annnelle de 16.812 $ 00 à la ville.

M. VAN RAVESCHOT, Secrétaire général de la Mairie. Contrôleur de la comptabilité et des opérations du mont de piété.

Le personnel municipal est régi par les arrêtés de M. le Gouverneur général en date des 14 juin 1904 et 3 janvier 1905 et placé sous les ordres du Secrétaire général de la mairie.

Service Médical

Le service médical de la ville de Hanoi est réparti comme suit, entre deux médecins civils :

1° Etat Civil, constatation des naissances, décès, maladies épidémiques ou contagieuses, désinfections, lazaret, morgue.

Ce service est confié au Dr Le Roy des Barres, ancien interne des hôpitaux de Paris, Professeur de l'Ecole de médecine, Directeur de l'Hôpital et de la Maternité indigène

2° Soins au personnel des Services Municipaux, à leur famille et aux indigents de la ville de Hanoi, vaccination, visite bi-hebdomadaire des filles soumises et en traitement au dispensaire.

Ce service est confié au Docteur Degorce, ancien interne des hôpitaux de Paris, Professeur à l'Ecole de médecine.

3° Le service dentaire est confié à M. Dubouch, chirugien dentiste.

Etat civil - naissances - décès - maladies contagieuses

Ce service fut créé à la suite de l'épidémie de peste qui sévit à Hanoi en 1902-1903. La déclaration des maladies contagieuses étant rendue obligatoire par la loi du 30 Novembre 1892 et le décret du 17 août 1897, fut alors promulguée dans la Colonie.

Les annamites ne possèdant pas d'état civil, n'ayant pas de médecins indigènes officiellement reconnus et ne s'adressant en outre que très rarement aux médecins Européens, il s'en suivait que les maladies contagieuses n'étaient pas déclarées. C'est pour remédier à cette lacune de nature à porter le plus grand préjudice à la santé publique, que le 25 avril 1903, le Docteur Le Roy des Barres fut nommé médecin de l'Etat Civil et des Epidémies, chargé par délégation du Maire de la constatation à domicile de tous les décès Européens et Indigènes, assurant également le service des désinfections des immeubles contaminés et donnant en outre, ses soins aux indigènes hospitalisés au Lazaret Municipal de Bach-Mai.

Le Lazaret complètement isolé de la ville et des villages, est situé à Bach-Mai, dans la Zone suburbaine de la ville, un peu au dessus du poste de police de la route de Hué. Il est mitoyen du Lazaret Militaire. Il se compose de cases avec fermes en fer, couverture en paillottes et cloisons en torchis.

Après chaque épidémie, cloisons et toitures sont brulées, et après désinfection et passage au minium des fermes métalliques, les cases sont immédiatement reconstruites en prévision de l'éventualité d'une nouvelle épidémie, et avec des matériaux semblables à ceux incinérés.

Une étuve à désinfection du système **Clayton** est installée dans le Lazaret.

A proximité du Lazaret se trouve le cimetière indigène suburbain de Bach-Mai où sont inhumés tous les indigènes décédés dans la ville qui lui est proche. Un deuxième cimetière suburbain affecté également aux inhumations des indigènes a été créé du côté opposé de la ville à Giang.Vu.

Soins au personnel et aux indigents

Le Docteur Degorce est chargé de donner ses soins aux fonctionnaires municipaux, à leur famille et aux indigents de la ville de Hanoi; les malades se rendent à son cabinet aux heures de consultation.

Si le malade est alité, le médecin municipal le visite à domicile et prescrit s'il y a lieu l'admission à l'hôpital.

Mais le nombre des visites gratuites à domicile est très restreint.

Vaccine

A certaines époques coïncidant avec des recrudescences de cas de variole, des séances bi-hebdomadaires de vaccine ont lieu le dimanche à la Mairie, pour les Européens, et le jeudi chez le Hiệp-Ly, pour les indigènes. Les annamites viennent maintenant en grand nombre et sans la moindre appréhension se faire vacciner. Depuis le mois de février 1905, le Docteur Degorce a vacciné 1359 enfants indigènes.

Dispensaire

Le dispensaire municipal, installé route de Hué, à côté du poste de police, se compose de deux grands bâtiments latéraux servant de dortoirs aux femmes en traitement. Entre ces deux bâtiments faisant face à la porte d'entrée, sont construits le logement du gardien du dispensaire, la salle de visite et la pharmacie; en arrière de ces bâtiments sont les cuisines, les latrines etc.

Les filles soumises isolées ou pensionnaires des maisons de tolérance doivent, conformément aux prescriptions de l'arrêté du 3 octobre 1891, se présenter deux fois par semaine à la visite : le mardi et le samedi.

Les femmes reconnues malades sont retenues au dispensaire jusqu'à complète guérison

Les frais occasionnés par leur nourriture et les soins qui leur sont donnés au dispensaire, sont en partie supportés, par les tenancières des maisons de tolérance, dont les filles en traitement faisaient partie.

Quant aux filles soumises isolées elles en sont totalement exonérées.

Le nombre actuel des filles soumises (Japonaises et annamites) encartées, est d'environ 150, dont un tiers sont en permanence en traitement au dispensaire.

M Fourcy, gardien du dispensaire.

Hygiène

La Commission d'hygiène a été instituée par arrêté du 1er Juin 1902. — A coté de cette Commission, une sous-Commission locale d'hygiène composée d'un membre du conseil municipal Président, d'un médecin des services municipaux et d'un pharmacien civil, fait des visites domiciliaires inopinées dans les établissements signalés comme insalubres ou malpropres et chez les négociants et dans les débits de boissons où elle prélève des échantillons des denrées alimentaires et liquides qui ne paraissent pas comestibles. Cette Commission est assistée d'un commissaire de police qui dresse procès-verbal pour chaque contravention relevée.

Hôpital et Maternité

Bien que l'Hôpital et la maternité indigènes ne fassent pas partie des bâtiments municipaux, il nous a paru cependant utile de consigner dans la notice sur le développement de la ville de Hanoi, les renseignements ayant trait à cet établissement hospitalier, dont l'importance au point de vue humanitaire n'échappera à personne.

En 1896, une sœur de l'ordre de saint Paul de Chartres, **Madame Félicité Vacheron**, en religion **Sœur Antoine**, faisait construire, grâce à des dons particuliers, quelque immeubles en torchis, recouverts en tuiles, pour y recevoir des malades. — La mission avait mis, à la disposition de cette sœur, un terrain en bordure de la rue Borgnis-Desbordes, anciennement dénommée rue du Camp des lettrés.

L'Administration du Protectorat et la Municipalité de Hanoi voulurent bien s'intéresser à cette œuvre et lui allouèrent une subvention.

Grâce à ces libéralités et à l'aide, d'offrandes recueillies dans le public, d'autres constructions s'élevèrent rapidement. Un immeuble en brique, surmonté en partie d'un étage, put même être édifié.

La mission retira une partie du terrain, lors de l'ouverture de la rue Richaud.

Les infirmes constituaient la presque majorité des malades recueillis dans cet établissement.

Aucun Médecin n'était spécialement désigné pour passer la visite. Quelques médecins des troupes coloniales voulurent bien, en raison du but humanitaire de l'Hôpital Indigène, en assurer gratuitement le service.

Le 1er avril 1904, le Protectorat du Tonkin se rendait acquéreur des terrains, des immeubles et du matériel de l'Hôpital indigène.

Le 5 du même mois, le Dr Reboul, Médecin major de 1re classe des troupes coloniales, prenait la Direction de cet établissement.

112 malades existaient à ce moment.

M. le Dr Reboul commença l'organisation. Sous son impulsion l'Hôpital indigène entra dans une nouvelle phase. Une maternité fut créée.

Un arrêté du 13 octobre 1904, a réorganisé l'Hôpital indigène sur de nouvelles bases. Les services de cliniques ont été placés sous l'autorité du Dr Cognacq, Directeur de l'Ecole de Médecine et le service assuré par les Professeurs, les chargés de cours et les élèves. Un Professeur ; M. Le Dr Le Roy de Barres, fut nommé Directeur de l'Hôpital. Un Médecin-Résident M. le Dr Lafaurie fut désigné. La partie administrative fut confiée à un fonctionnaire des services civils.

M. Le Roy des Barres prit la direction de l'Hôpital et de la maternité indigène le 14 octobre 1904.

Il existait à cette époque 351 malades. Le lendemain, 15 octobre, tous les indigènes en traitement à l'Hôpital annexé à l'Ecole de Médecine furent transportés à l'Hôpital du Protectorat.

Le tableau ci-dessous fera ressortir le mouvement des malades.

Existant Avril 1904	MOIS	Entrées	Sorties	Existant au dernier jour du mois	OBSERVATION
112	Avril 1904 . .	108	80	140	
	Mai	181	128	193	
	Juin	244	220	217	
	Juillet . . .	258	199	270	
	Août	322	259	339	
	Septembre .	273	274	338	Transfert des mala-
	Octobre . . .	427	335	430	des de l'Hopital annexe
	Novembre . .	314	272	472	à l'Ecole de médecine.
	Décembre . .	377	374	475	
	Janvier 1905 .	348	325	488	
	Février . . .	307	287	508	
	Mars	450	427	531	
	Avril	567	563	535	

Le tableau ci-annexé indique le nombre de malades traités chaque mois, pour chaque catégorie de maladies.

Le nombre des décès est au 31 mai de 214.

Les causes en sont indiquées dans un tableau également ci-annexé.

Bâtiments. --- Le 5 avril, date de la prise de service du Dr Reboul, il existait :

1° Un pavillon en brique, en partie à étage sis à l'angle des rues Borgnis Desbordes et Richaud.

2° Un immeuble en brique, composé de deux pièces donnant sur la rue Richaud.

3° Trois bâtiments en torchis couverts en tuile ;

4° Un hangar servant à emmagasinier et à décortiquer le paddy

5° Un bâtiment pour les cuisines

6° Une salle d'opération.

Sous la direction du Dr Reboul, les immeubles ci-après furent construits en maçonnerie.

1° CONSTRUCTIONS TERMINÉES

1° Un immeuble destiné à recevoir les infirmes ;
2° Une loge pour le concierge, à droite de la porte d'entrée :
3° Une salle d'attente, à gauche de la porte d'entrée ;
4° Une nouvelle salle d'opérations.

2· IMMEUBLES EN CONSTRUCTION AU 13 OCTOBRE 1904

1· Un pavillon pour les aliénés :
2· Un pavillon pour les prisonniers ;
3· Deux hangars destinés, l'un à la désinfection, l'autre à entreposer les matériaux pour la fabrication des cercueils et servant d'atelier aux ouvriers chargés de faire les menues réparations à l'Hôpital.

3· IMMEUBLES CONSTRUITS du 13 octobre 1904 au 31 mai 1905

1· Deux pavillons pour malades reliés entre eux par un passage couvert ;
2· Une salle d'hydrothérapie.
3· Un pavillon de Maternité est actuellement en cours de construction.

Malgré ces nouveaux immeubles, le nombre de malades augmentant de jour en jour, la place fait encore défaut. Les malades sont généralement couchés par deux, quelquefois même par trois dans le même lit.

Les services médicaux sont assurés par les médecins professeurs ou chargés de cours à l'Ecole de Médecine de l'Indo-Chine.

Les soins sont donnés 1· par les élèves de cette institution. 2· par les infirmiers et infirmières indigènes.

Les malades appartenant aux administrations locales et générales, et ceux acquittant leurs frais d'Hospitalisation sont soignés dans des salles à part suivant les catégories dans lesquelles ils sont classés ou pour lesquelles ils ont payé.

Les indigents sont répartis dans les autres salles.

Les deux professeurs civils de l'Ecole de Médecine, (MM. les Dr Le Roy des Barres et Degorce), se sont divisé, les services de médecine et de chirurgie.

Actuellement ces services sont répartis ainsi qu'il suit :

M. le Dr Le Roy des Barres :
- Chirurgie femmes.
- Médecine hommes.
- Aliénés.
- Prisonniers.

M. le Docteur Degorce :
- Chirurgie hommes.
- Médecine femmes.

Toutes les Opérations chirurgicales sont pratiquées par eux, avec l'assistance d'autres médecins et des élèves de l'Ecole de médecine.

Les malades payants sont soignés par le Docteur Lafaurie, Médecin-Résident (médecin des Troupes Coloniales).

Le service ophtalmologique est assuré par le Docteur Rencurel, Médecin Secrétaire de l'Ecole de Médecine (médecin des Troupes Coloniales).

Enfin la Maternité a été confiée à M. le Docteur Lecomte, (médecin des Troupes Coloniales) chargé du cours d'obstétique à l'Ecole de Médecine de l'Indo-Chine, en l'absence du docteur Gaide (médecin des Troupes Coloniales), titulaire de ce poste.

Les salles des indigents sont ouvertes aux élèves de l'Ecole de Médecine pour l'enseignement clinique.

Les services de clinique sont placés sous l'autorité du Directeur de l'Ecole de Médecine.

Dans chaque salle, un élève de 3e année est chargé de la surveillance et doit veiller à ce que les prescriptions des médecins chefs de Service soient bien exécutées.

Des élèves de 2e et 1re année lui sont adjoints et font en outre les pansements. Ils tiennent les cahiers de visite et prennent les observations concernant les malades.

Le service de garde est assuré par deux élèves qui, en l'absence du médecin, peuvent donner les soins et doivent prévenir, pour les cas graves, le Médecin-Résident ou le Médecin chef du service où doit être placé le malade.

Cette organisation a donné d'excellents résultats, les élèves viennent avec assiduité à l'Hôpital et se montrent dévoués pour les malades.

Les infirmiers et infirmières sont répartis dans les diverses salles selon les besoins du service. Dans chaque salle, il y a un infirmier de visite, sachant écrire aidé par un ou plusieurs coolies ou infirmières.

L'infirmier chef indigène est en outre chargé du service de la Pharmacie, sous la direction de M. le Pharmacien Authier (pharmacien des Troupes Coloniales).

Les consignes suivantes sont affichées dans tous les locaux de l'Hôpital et rigoureusement exécutées.

1° CONSIGNE GÉNÉRALE.

Règlement indigène.

Visiteurs. — Les visiteurs sont autorisés à voir les malades tous les jours, en dehors des heures de visites et des repas.

Les visiteurs peuvent apporter des denrées aux malades après avoir obtenu l'autorisation du médecin traitant.

Le concierge surveillera toutes les personnes qui sortent afin de s'assurer que des denrées ou du matériel appartenant au Protectorat ne sont pas emportés. Si un visiteur est pris en flagrant délit de vol, le concierge doit prévenir l'Administrateur ou en cas d'absence le surveillant ou la Dame surveillante, par qui le Commissaire du 1er Arrondissement sera averti.

Malades. — Les repas auront lieu à 11 heures du matin et à 5 heures du soir.

Les malades sont sous l'autorité du Médecin Directeur. Ils doivent obéir aux prescriptions des Médecins, de l'Administrateur, du Surveillant et de la Dame surveillante en ce qui concerne leur traitement et le bon ordre de l'établissement.

Les malades ne peuvent circuler dans l'allée centrale.

Il leur est défendu d'entrer dans la dépense, la cuisine, la pharmacie, les magasins, les logements du personnel et autres locaux accessoires.

Hygiène. — Il est défendu de cracher par terre.

Il est en outre interdit de fumer dans les salles.

Incendie. — L'alarme est donnée par la cloche de l'Hôpital qui sonnera sans interruption pendant quelques minutes. Le Surveillant, fait prévenir immédiatement le Médecin-Résident, le Médecin-Directeur, les Médecins traitants et l'Administrateur Il fait informer en même temps, le Commissaire de police et la garde indigène.

Le Médecin Résident fait rendre compte ensuite du sinistre au Gouverneur Général, au Résident Supérieur et au Résident Maire.

Dès le début de l'incendie, les élèves de garde et les infirmiers organisent les premiers secours.

Les Médecins et l'Administrateur se rendent à l'Hôpital et attendent des ordres.

Elèves de Garde. — Les élèves de garde, prendront la garde de midi à midi pendant 24 heures.

Durant ce laps de temps ils ne devront sous aucun prétexte sortir de l'Hôpital, si ce n'est avec l'autorisation du Directeur ou du Médecin-Résident, et ceci dans des cas exceptionnels. Ils devront vers cinq heures du soir passer dans toutes les salles sans exception, vérifier si les prescriptions des Médecins traitants ont été suivies.

Ils assistent à la contre-visite faite par le Médecin-Résident

Une fois dans la nuit ils devront faire une ronde générale dans tout l'Hôpital et s'assurer que les consignes sont bien observées.

Les élèves de garde devront se déranger pour examiner les malades entrants et les malades en traitement pour lesquels ils seront requis

Il donneront les soins d'extrème urgence et avertiront immédiatement la Dame surveillante et le Médecin-Résident.

En l'absence du Médecin-Résident, ils avertiront le Médecin-Chef du service dans lequel le malade aura été placé, et à son défaut le Médecin-Directeur.

En l'absence de l'infirmier de Phamacie, l'élève de garde aura la clé de la pharmacie et en sera responsable.

Les élèves de garde ne devront faire de leur propre autorité aucune prescription médicamenteuse, et devront borner leurs soins d'extrème urgence à l'application d'un pansement, à l'arrêt d'une hémorragie par compression, à des injections d'éther. Mais ils devront exécuter toutes les prescriptions qui leur seront faites par le Médecin Chef de service.

Le tour de garde est déterminé par le Directeur de l'Ecole de Médecine, c'est lui également qui autorise les changements de garde.

Infirmiers. — Les infirmiers commenceront leur service dans les salles à 5 heures 1/2 en été, à 6 heures en hiver.

Ils devront avoir terminé tous les travaux de propreté avant 6 heures 1/2 en été, et 7 heures en hiver.

Les infirmiers de visite, les coolies des salles, devront assister à la visite du chef de service dans les salles, ils devront revêtir tous les jours une blouse propre, qui sera changé dans le courant de la journée si cela est nécessaire.

Les infirmiers seront nourris à l'Hôpital, où ils devront séjourner jusqu'à 6 heures du soir. Le service des salles sera assuré par les infirmiers de garde à partir de ce moment jusqu'au lendemain matin.

Au moment de la sieste, de 11 heures à 2 heures, le service sera également assuré par les infirmiers de garde, dans les mêmes conditions que pour la nuit.

Les infirmiers ne pourront s'absenter de l'établissement dans le courant de la journée sans l'autorisation de l'Administrateur-Comptable, du Médecin-Résident ou du Surveillant.

Les infirmiers de garde commencent leur service à 11 heures jusqu'au lendemain 11 heures. Leur nombre est de trois: mais ce nombre pourra être augmenté suivant les exigences du Service. Un surveillant indigène de nuit veillera à l'exécution des consignes.

Une fois par mois les infirmiers auront droit à un jour de sortie, mais ils devront se faire remplacer dans leur service. Cette sortie aura lieu à midi jusqu'au lendemain matin 6 heures

L'Infirmier chef chargé de la surveillance générale des infirmiers et qui remplit les fonctions d'infirmier de Pharmacie, prendra son service le matin à 6 heures 1/2, et ne le quittera qu'après l'exécution de tous les médicaments, mais jamais avant 11 heures. Il le reprendra à 2 heures, pour le quitter le soir à 6 heures ; le dimanche il pourra sortir de l'Hopital à 3 heures, si le service le permet.

Les infirmiers sont placés sous l'autorité des élèves de garde, et dans les services de clinique, sous l'autorité des élèves de l'Ecole de médecine affectés à ces services.

2° CONSIGNE POUR LES MALADES ENTRANTS

Pour tout malade qui entre à l'hôpital un billet d'Hôpital doit être établi. Si, dans certain cas, le malade ne peut se rendre lui-même à la salle de garde pour donner à l'élève de service les renseignements qui doivent figurer sur le billet d'hôpital, ce dernier ira prendre les renseignements auprès du malade ou auprès des personnes qui l'accompagnent, s'il n'est pas en état de les donner lui-même. Le billet d'hôpital établi sera par les soins de l'élève de garde, envoyé au bureau des entrées.

Chaque tableau de clinique devra porter les nom, prénoms, âge, provenance et profession du malade, auquel il est destiné. Tous ces renseignements devront être inscrits par l'élève de la salle.

Chaque malade entrant sera vacciné.

3° — CONSIGNE POUR LA SALLE D'HYDROTHÉRAPIE

Les infirmiers, infirmières et coolies de salle devront tous sans exception, se rendre chaque matin à la salle d'hydrothérapie, entre 5 heures 1/2 et 6 heures.

Les malades atteints de gale seront frottés le matin de 6 heures à 8 heures, dans la salle qui est réservée à cet effet.

Les malades entrants devront se rendre à la salle d'hydrothérapie, sous la conduite et la responsabilité des infirmiers de visite, tous les jours de 2 heures à 3 h. 1/2. Ceux dont l'état ne permet pas ce déplacement seront baignés dans les salles de bain attenant, aux salles des malades.

Les malades en traitement pourront, s'ils le désirent, se rendre à la salle d'hydrothérapie en même temps que les malades entrants.

L'infirmier de service à la salle d'hydrothérapie sera responsable de l'ouverture et de la fermeture de cette salle aux heures fixées par la présente consigne.

Il devra veiller à ce que l'eau ne soit pas employée inutilement.

4° CONSIGNE DES IMFIRMIERS POUR LA RECEPTION DE L'ARGENT

Les malades sont prévenus qu'ils ne doivent pas donner d'argent aux infirmiers.

Il est interdit aux infirmiers de recevoir d'argent des malades, sous peine de renvoi.

5° DÉSINFECTION DES EFFETS DES MALADES

Effets des malades entrants

Les vêtements de tous les malades entrants dans le courant de la journée doivent être réunis dans un local spécial par les soins de la sœur indigène chargée de la lingerie. Elle veillera à ce que ces effets soient portés le lendemain matin à 7 heures à l'étuve pour y être désinfectés ; ce n'est qu'après cette opération que les vêtements pourront être mis avec les autres.

Désinfection des nattes

Les infirmiers devront porter les nattes et les couvertures des malades sortants, dans le local réservé aux effets des malades entrants. Ces nattes seront désinfectées avant d'être utilisées à nouveau.

L'élève de garde, chargé du fonctionnement de l'étuve rappellera, s'il y a lieu, les intéressés à l'exécution des prescriptions ci-dessus.

6° AVIS ALLOUANT UNE PRIME DE VACCINATION

Une allocation de une piastre (1 $ 00) sera accordée à toutes les femmes indigènes qui, après leur accouchement, resteront 10 jours à l'Hôpital et auront fait vacciner leur enfant.

HOPITAL ET MATERNITÉ INDIGÈNES DU PROTECTORAT

Tableau I.

Affections médicales

MALADIES	JANVIER	FÉVRIER	MARS	AVRIL	MAI
Paludisme	27	31	38	32	47
Béribéri	5	8	3	1	4
Lèpre (1)	19	11	5	8	9
Syphilis	6	9	11	19	11
Erysipèle (2)	1		3		
Tétanos	9	3	7	1	4
Variole (3)		2	4		
Septicémie		1			
Plan	2		2	1	
Dysenterie	1	6	3	7	20
Fièvre Typhoïde			1		
Rage					1
Choléra (4)					5
Blennorragie	4	5	3	6	10
Rhumatisme et douleurs rhumatoïdes	5	8	8	15	24
Bronchite aigüe	8	9	30	41	33
Bronchopneumonie	5	2	2	2	1
Emphysème	2	1	3	1	2
Pleurésie séreuse	1				
Tuberculose pulmonaire	1	3	4	5	4
Asthme					5
Angine	3				
Gingivite	1	1			1
Dyspepsie		1	3		2
Embarras gastrique	11	3	26	20	34
Entérite chronique	3	1		1	3
Diarrhée simple	6	18	2	11	41
Vers intestinaux		2	3	5	7
Tœnias	2		7	3	2
Congestion du foie				1	1
Ictère	1	1			
Cancer du foie			1	1	1
Affection cardiaque		1	3	6	6
Anémie		1		2	12

MALADIES	JANVIER	FÉVRIER	MARS	AVRIL	MAI
Néphrite			1	7	9
Hématurie					1
Méningite	1			2	
Myélite transverse	1				
Aliénation mentale	1	2	3	2	7
Epilepsie	2	2	4	6	8
Paralysies diverses	2	3	3	11	10
Névralgies				1	
Hémiplégie					1
Convulsions					1
Gale	24	5	32	39	31
Eczéma	1	2	2	2	7
Impétigo	3	»	2	1	»
Erythème	1	»	»	»	»
Furonculose	»	»	»	2	»
Teigne	»	»	1	1	3
Pemphigus	»	»	»	1	»
Ecthyma	»	»	»	2	»
Proriasis	»	»	»	1	»
Coma	1	»	»	»	»
Hyperkhératose	»	»	»	»	1
Vieillesse	»	5	»	»	»
Infirmes	4	14	8	43	22
Cécité	6	4	1	2	1
Misère physiologique	24	14	22	33	42
Grossesse	18	9	9	6	18
Naissance	12	8	4	4	16
Mort-né	»	1	1	»	»
Athrepsie	1	»	»	»	»
Empoisonnement	1	»	»	»	1
Cachexie	1	3	4	»	11
Malades entrés dans le coma	1	2	1	»	3

(1) Les malades atteints de lèpre, sont, après examen et photographie, dirigés sur la léproserie de Thanh-Tri (province de Hà-Dông).

(2), (3), (4) Les malades atteints des affections contagieuses suivantes : érysipèle, variole, choléra, oreillons, peste, sont dirigés aussitôt l'affection reconnue sur la lazaret de Bach-Mai.

En cas de doute, l'élève de garde, isole dans un local spécial les malades suspects qui sont vus dans le plus bref délai possible par l'un des médecins de l'établissement. C'est cette dernière mesure qui explique que le tableau précédent comporte un certain nombre de malades entrés pour affections contagieuses.

HOPITAL ET MATERNITÉ INDIGÈNES DU PROTECTORAT

Tableau II

Affections chirurgicales

MALADIES	Janvier	Février	Mars	Avril	Mai
Brûlures		1	1	1	
Contusions.	6		9	15	13
Plaies du memb. inf.	35	28 (18 ulc)	40 (30 ulc)	33 (15 ulc)	46 (34 ulc)
Plaies du memb. sup	3	5	10	4	5
Plaies de la tête et de la face	1	2	4	3	
Plaies pénétrantes de l'abdomen , . . .			1 (opéré)	1 (opéré)	
Plaies (articulaires) . .				1	
Morsures par chien enragé	1	2	8	8	13
Morsures par chev. .	1				
Morsures par singe. .	1				
Morsures par serpent.					1
Fracture du crâne. .	1 (opéré)	1 (opéré)	2		
Fracture de la clavicule	1 (opéré)				1
Fracture de l'humérus.			1	1	1
Fracture du radius. .	1			1	1
Fracture de côtes . .	1				
Fracture de jambe . .	1 (opéré)	1	1	1	
Fracture de la rotule.				1 (opéré)	
Ostéomyélite. . . .	1 (opéré)	1 (opéré)		2 (opéré)	1 (opéré)
Mal de Pott		1	1	3	3
Ostéosazcome . . .			1 (opéré)		
Luxations.					1 (opéré)
Tumeur blanche du coude.	1 (opéré)				
Tumeur de la hanche				1	
Tumeur blanche du pied				1 (opéré)	
Entorse.	1				

MALADIES	Janvier	Février	Mars	Avril	Mai
Kyste sébacé.				1 (opéré)	2 (opérés
Abcès volumineux.	5 (opérés	3 (opérés	4 (opérés	5 —	6 —
Lymphangite	2				2
Cicatrices vicieuses.	1 —				
Durillons		2			
Adénite tuberculeuse.	1 —	2 —		1 —	7 —
Adénite chancreuse	3		3	2	
Plaie du foie.				1 =	
Abcès du foie.				1 =	
Splénomégalie	1 —				2 —
Hernie étranglée (ing.)			1 —		
Hernie inguinale.			1		
Cancer de la verge.					1 —
Chancre mou.	4	4	1	1	5
Balanite		1			
Papillome de la verge.				2 —	
Phimosis	1 —	1 —	2 —	1 =	1 —
Abcès urineux				1 —	
Rétrécissement de l'uréthre				2 —	
Rétention d'urine =			2	2 —	
Calculs vésicaux.				1 —	
Varicocèle.					1 —
Hydrocèle,		1 —	1 —		1 —
Orchite.	2			1	2
Bartholinite.			1 —		
Kyste de l'ovaire.			1 —		1 —
Prolapsus de l'utérus.			1 —		2 —
Sarcome de l'utérus					1 —
Hémorragie utérine			2 —		
Fistules vésico-vaginales.					1 —
Hémorroides.		1 —	1 —		1 —
Prolapsus rectal	1 —			—	
Fistule anale.				1	2 —
Mastoïdite.	1 —	1 —	1 —		1 —
Otite.		1 —		2 —	1 —
Ozène.					1
Cancer du larynx.			0 —		
Cancer du sein.					1 —
Conjonctivite aiguë.	10	5	7	5	12
Conjonctivite granuleuse.	13 (6 entr. opérés)	14 (8 entr. opérés)	40 (18 entr. opérés)	60 (25 entr. opérés)	67 (28 entr. opérés)
Kératite.	1	2	5	10	14
Phtisie oculaire.				2 —	1 —
Cataracte.	1 —	1 —		1 —	
Panophthalmie.					1 —
Kyste de la paupière supérieure.					1 —
Névrome.	1 —				
Pouce supplémentaire	1 —				

Développement de la ville de 1897 à 1904 inclus

Pendant ces huit dernières années la Ville de Hanoi, dont l'essor va toujours croissant, a pris un développement des plus considérables.

Les statistiques ci-après donneront une idée exacte de ce développement.

Constructions

Maisons Européennes. — A la date du 1er Janvier 1897, le nombre des maisons européennes en brique, existant dans le centre urbain de la Ville de Hanoi, était de : 384.

Depuis lors, le chiffre des autorisations de construire délivrées aux Européens, par le service de la Voirie a été, savoir :

en 1897	de :	23
en 1898	de :	47
en 1899	de :	42
en 1900	de :	55
en 1901	de :	57
en 1902	de :	57
en 1903	de :	55
en 1904	de :	111

ensemble : 447

Il est donc facile de constater que le nombre des maisons européennes a plus que doublé en l'espace de sept ans.

Aux chiffres ci-dessus, il convient d'ajouter encore les constructions édifiées en dehors des voies publiques, et pour lesquelles il n'a pas été délivré d'autorisation de bâtir. Le total en est indiqué plus loin, dans le relevé fait par le service des Contributions.

Maisons Annamites. — Au commencement de l'année 1897, il existait à Hanoi 2.954 maisons en briques, habitées tant par des indigènes que par des chinois établis dans la Ville.

Depuis cette époque, les autorisations de construire suivantes, ont été délivrées chaque année, savoir :

en 1897	--- 465
en 1898	--- 187
en 1899	--- 251
en 1900	--- 125
en 1901	--- 197
en 1902	--- 275
en 1903	--- 199
en 1904	--- 97

ensemble : 1.786 habitations nouvelles

Dans le périmètre de la ville proprement dite, il existait au

1er janvier 1897, 2852, maisons annamites construites en torchis et couvertes en paillottes.

Depuis cette date, tant en constructions qu'en habitations neuves, le nombre des autorisations de bâtir s'est élevé savoir :

en 1897 à :   41
en 1898 à :   24
en 1899 à :   29
en 1900 à :   80
en 1901 à :   48   } ensemble : 537
en 1902 à :   92
en 1903 à :   147
en 1904 à :   76

Les constructions en paillottes sont aujourd'hui beaucoup moins nombreuses qu'antérieurement, le souci de la sécurité des habitants ayant nécessité la réduction de la zône dans laquelle l'édification de ces logements était autorisée. En effet, un arrêté municipal a interdit dès 1897 la construction des paillottes dans le quartier européen, ces constructions étant non seulement nuisibles à l'esthétique de ce quartier, mais encore occasionnant de fréquents incendies, dûs non seulement à la combustion rapide des matériaux employés dans ce genre de construction, mais aussi et surtout, à l'imprudence des Indigènes D'autre part, les indigènes beaucoup plus aisés qu'autrefois et n'ayant plus à craindre désormais le pillage et les rapts, certains à l'heure actuelle de la tranquillité du pays, renoncent d'eux-mêmes à ces habitations et sont heureux de profiter d'un bien être dû entièrement aux bienfaits de notre Administration.

Le tableau comparatif ci-dessous, établi par le service des Contributions Directes, d'après les rôles fonciers émis depuis ces huit dernières années, indiquera plus exactement les progrès réalisés au point de vue des constructions, car il comprend tous les immeubles existants et dont un certain nombre, ainsi qu'il a été dit plus haut, ont été édifiés sans autorisation de voirie, parce qu'ils s'élèvent en dehors des voies publiques et ne sont assujettis de ce fait, à aucune demande.

TABLEAU COMPARATIF des constructions européennes et annamites du 1er janvier 1897 au 31 décembre 1904

ANNÉES	Matériaux	Européens	Annamites	TOTAL des constructions	Par nature de constructions	Totales	Observations
					m. q.	m. q.	
1897	en briques	335	2 954	3.289	362.9o4	595.oo9	
	en paillottes	49	2.852	3.9o1	232.1o5		
1898	en briques	386	3.17o	3.556	381.122	671.962	
	en paillottes	69	2.687	2.756	29o.84o		
1899	en briques	414	3.252	3.666	417.671	647.452	
	eu paillottes	51	2.469	2.52o	229.781		
19oo	en briques	478	3.425	3.9o3	451 775	657.9o2	
	en paillottes	53	2.195	2 243	2o6.127		
19o1	en briques	522	3.615	4.137	457.434	671 723	
	en paillottes	49	2.45o	2.499	214.289		
19o2	en briques	571	3.499	4.o7o	479.o32	723.15o	
	en paillottes	42	2.9oo	2.942	244.118		
19o3	en briques	64o	3.531	4.171	484.o32	725.824	
	en paillottes	39	2.76o	2.799	241.792		
19o4	en briques	723	3.567	4.29o	543.276	649 867	
	en paillottes	4o	1.421	1.461	1o6.6o1		

Comparaison

		Européens	Annamites	TOTAL	Par nature		
1897	en briques	335	2.954	3.289	362.9o4		
19o4	id	723	3.567	4.29o	543.276		
	en plus :	388	613	1.oo1	18o.372		
	en moins :	»	»	»	»		
1897	en paillottes	49	2.852	2.9o1	232.1o5		
19o4	id	4o	1.421	1 461	1o6.6o1		
	en plus :	»	»	»	»		
	en moins :	9	1.431	1.44o	125.5o4		

Aux chiffres ci-dessus, il convient encore d'ajouter les constructions en cours, savoir :

67 maisons à étage en brique pour Européens
d'une superficie de :   10.680, m² 23
7 maisons à rez de chaussées pour Européens
d'une superficie de :   2.693,   64

Total :   13.373,   87

Il est à remarquer d'autre part, ainsi que le signale le rapprochement comparatif des années 1897 — 1904, que les surfaces construites en brique augmentent progressivemant, tandis que celles construites en paillottes vont diminuant d'année en année. C'est là un signe intéressant du développement de la fortune publique.

La diminution de la surface bâtie que l'on constate après 1898, provient des expropriations faites pour la construction du viaduc de la voie ferrée et de la gare du Chemin de fer de Hanoi à la frontière de Chine.

Cette gare immense avec ses annexes et dépendances qui occupent une superficie de près de quinze hectares, est devenue insuffisante par suite de la mise en exploitation des lignes de Vinh et Lao Kay, vient d'être considérablement agrandie : deux ailes flanquent le bâtiment principal, des logements pour les agents, des magasins, des remises et des ateliers ont été construits les limites de la nouvelle emprise ont été reculées pour recevoir les nombreuses voies de garage, et projetés ; de très importants travaux d'agrandissement sont encore projetés ; un projet d'agrandissement de ses abords est actuellement à l'étude.

Un viaduc en pierre de taille d'une longueur de 600 mètres sert de passage aux trains à travers la Ville, quatre ponts métalliques pour le passage des trains ont été construits au dessus des voies traversées. Enfin, un beau pont métallique du système CANTILEVER, de 1680 mètres de long, construit avec une rapidité qui fait le plus grand honneur aux ingénieurs des Etablissements Daydé et Pillé, a été jeté sur le Fleuve Rouge. Ce pont inauguré en février 1902 constitue certainement l'un des plus grands ouvrages d'art de ce genre exécutés en Extrème Orient, et peut-ètre même dans le monde entier.

Sur les terrains de l'ancienne Citadelle, la Société foncière indo-chinoise a fait construire de nombreuses maisons à étage qui constituent, à proximité du Palais du Gouverneur actuellement en voie d'achèvement, un quartier Européen très coquet dont les habitations, voisines du Jardin botanique, sont fort agréables et très recherchées.

Sur le Boulevard Henri Rivière et la rue Leclanger le bel et vaste « Hotel Métropole » construit en 1901, s'étend sur une façade de plus de 80 mètres.

Depuis 1901 jusqu'au 1ᵉʳ janvier 1905 les batiments militaires se sont accrus :

Dans la citadelle :

1· d'un quartier d'artillerie pour 400 hommes :
2· d'un quartier de cavalerie pour 100 hommes :
3· d'une infirmerie de garnison pour 60 hommes ;
4· de deux magasins du service des Approvisionnements :
5· d'un bureau du service du commissariat.
    A la Concession :
1· d'un logement pour un Général de Division ;
2· d'un pavillon pour Dames à l'Hôpital de Lanessan :
3· d'un magasin pour le Service de Santé ;
4· d'un Lazaret :
5· d'un logement pour le Médecin Chef.
Depuis 1901, les divers Services coloniaux et locaux ont fait construire à Hanoi :
1· Des Bureaux annexes pour le Service des Travaux Publics
2· L'Hôpital indigène acquis de la Mission a été entièrement reconstruit, transformé, modifié, plusieurs pavillons pour malades ont été édifiés, les constructions en paillottes ont entièrement disparu et ont été remplacées par de spacieuses constructions en briques ;
3· L'école professionnelle a doublé l'importance de ses constructions ;
4· Les travaux du Palais de Justice, un moment interrompus, ont été repris et poussés activement, ce vaste batiment sera terminé en 1906.
5· La Compagnie des Chemins de fer du Yunnan a édifié à l'angle de la rue Richaud et du Boulevard Gambetta un magnifique bâtiment à l'usage de bureaux pour ses services de construction et d'exploitation ;
6· La Ville de son coté a fait édifier une quatrième halle en fer d'une valeur de 50.000 francs, au marché de la rue du Riz. Cette halle, renversée par le typhon a été reconstruite et allongée ainsi que les 3 halles voisines.
Un devis très décoratif fermant le grand marché de la rue du riz par une façade en maçonnerie vient d'être approuvé.
7· Suivant accord entre la ville et la Société d'Etudes, deux nouvelles halles en maçonnerie d'une valeur de 50.000 francs ont été édifiées dans le quartier du Grand Bouddha ;
8· Le Palais du Gouverneur Général est en voie d'achèvement, les annexes et les jardins seront bientôt terminés ; la prise de possession qui était fixée à Septembre 1905, aura probablement lieu au commencement de l'année 1906
9· Un pavillon pour la maternité.

Nouveau théâtre de Hanoi

A la suite d'un concours, institué en 1899, par le Conseil municipal en vue d'édifier un Théâtre à Hanoi en remplacement du batiment provisoire existant actuellement rue de Takou dont on connait l'exiguité de la salle et le caractère nettement antiarchitectural, plusieurs projets furent présentés.

Le projet Knosp obtint la première prime : une Commission fut appelée à l'examiner et le rejeta,

L'architecte voyer fut alors chargé de présenter un avant projet dont l'établissement fut confié à M. Harlay, architecte détaché des bâtiments civils au service de la Voirie, cet avant projet à l'échelle de 5 1000e fut mis au point pendant l'été de 1900 en même temps qu'étaient conduits les premiers travaux de sondage du terrain.

Cet avant projet ainsi que son devis approximatif furent ensuite soumis à M. Doumer Gouverneur général.

L'élaboration des plans de fondation, la présentation du dossier d'adjudication du gros œuvre, occupèrent l'année 1900.

L'adjudication ayant eu lieu le 25 avril 1901, les travaux commencèrent le 7 juin de la même année MM. Charavy et Savelon entrepreneurs à Hanoi furent adjudicataires, M. Harlay Inspecteur des batiments civils, architecte de ce monument, fut chargé de la direction des travaux.

Bâtie sur une mare, nouvellement remblayée, à l'extrémité de la rue Paul Bert, cette construction entraina l'obligation d'apporter des soins spéciaux dans les fondations qui se présentaient dans les conditions les plus défavorables. Aussi les sacrifices furent-ils relativement énormes : 35000 pieux furent battus avant le coulage du massif de béton de 0m90 d'épaisseur armé dans les points délicats et formant radier général sur lequel repose cet édifice à l'heure actuelle.

Pour se rendre compte de l'importance de ce théâtre unique en extrême Orient par ses proportions, il suffit de savoir qu'on a employé douze mille mètres environ de maçonneries diverses comprenant douze millions de briques et environ cinq cent soixante dix mille kilogs de fonte ou fer.

Ce batiment est construit en briques hourdées ; pour le soubassement, au mortier de ciment et pour le reste au mortier de chaux grasse. Les fondations ont été exécutées en moellons du pays ; à l'intérieur de la scène un revètement en briques réfractaires les préserve en cas d'incendie. Tous les matériaux sans exception ont été tirés du pays ; briques, chaux, ciment, bois, terres cuites, émaux, marbres etc.. sauf la ferronnerie travaillée et forgée sur place et la couverture exécutée en ardoises ornée de motifs en zinc rehaussés d'or d'un effet fort décoratif.

Les échafaudages ont été confectionnés presque uniquement en bambous et, à l'entière louange des entrepreneurs, qui dans cette construction, où trois cents coolies n'ont cessé journellement de fourmiller, ont fini ce travail sans qu'aucun accident mortel ou simplement grave n'ait été à déplorer.

Le théâtre est couronné par un entablement corinthien orné d'une frise de rinceaux en terre cuite émaillée et supportée dans tout son avant corps par des colonnes du même style ; sa façade principale composée d'une partie centrale ayant à l'étage une loggia rappelant la galerie de l'ancien palais des Tuileries est de style ionique ; elle est percée de cinq grandes ouvertures donnant accès au public pour le rez de chaussée, au vestibule d'entrée pour l'étage, à la loggia située en avant du foyer, la dite façade est flanquée de deux avant-corps contre lesquels viennent se butter deux porches permettant aux voitures, en temps de pluie, l'accès à couvert du vestibule d'entrée.

Placé au centre d'un vaste rectangle, agrémenté de jardins autour desquels ne pourront être construits que des immeubles s'harmonisant avec les lignes de cet édifice, ce théâtre est borné actuellement au Nord par la rue de France, à l'ouest par les boulevards Bobillot Rialan et par la rue Paul Bert, au sud par un terrain vague et à l'Est par les terrains et bâtiments de la Concession.

Grâce à l'exclusion presque totale du bois chaque fois que le métal a pu le remplacer, charpentes, solives, plafonds, bâtis etc... cet édifice a été autant qu'on l'a pu rendu ininflammable.

Ses proportions sont les suivantes :

Longueur extérieure prise dans l'axe du bâtiment 87 mètres, sur une largeur moyenne d'environ 30 mètres. Sa surface couverte est de 2.600 mètres carrés et sa hauteur de 34 mètres au point culminant des pignons de scène d'où l'on découvre la Ville de Hanoi dans un panorama splendide ou s'estompent au loin les montagnes du Ninh Binh, les monts Bavi ; le Tam Dao, les Pins etc.

Divisé en trois parties bien distinctes, il comprend :

1° Un avant corps composé en façade, d'un large escalier d'accès et latéralement de deux porches couverts pour les voitures, le dit escalier et les deux porches aboutissant au vestibule d'entrée long de 30 mètres sur 15 au centre et d'où partent des escaliers spéciaux à chaque place, 1res galeries, fauteuils d'orchestre, parterre et parquet, 2e galerie. A l'entrée de ce vestibule et en façade une large véranda à l'extrémité de laquelle se trouvent à l'abri de la pluie et du soleil les guichets de distribution de billets.

Au dessus du vestibule de plain pied avec les 1res galeries, le foyer, son glacier, son petit salon et une loggia, donnant vue sur l'artère principale de la Ville, la rue Paul Bert.

2° La partie médiane réservée à la salle de spectacle longue de 25m 50 sur 19m 00 de large comptant deux rangées de galerie de larges dégagements avec vestiaires et W. Closets ainsi que deux escaliers d'évacuation en cas d'alerie.

En temps ordinaire ces escaliers sont réservés aux personnages de marque.

Les largeurs respectives des divers escaliers sont les suivantes :

    1eres galeries 3m00
    Fauteuils d'orchestre 2 x 2, 50 . . . . . 5, 00
    Parterre et parquet 2 x 1. 50 . . . . . . 3, 00

    2ᵘᵐᵉ galeries 2 x 2,00 . . . . 4, 00
    Escaliers latéraux 2 x 1,50 3,00
donnant un total de :   18 mètres permettant l'évacuation rapide de la salle en cas d'incendie.

Le nombre de places prévu est de 87o pouvant être porté facilement à 12oo par suite d'une combinaison de déplacement de cloisons dans les loges qui toutes sans exception comportent un petit salon.

3° La partie postérieure avec sa scène longue de 17ᵐ50 jusqu'à l'extrémité du proscénium sur 20 de large soit 35o mq de superficie et une hauteur de 3oᵐoo son ouverture sur la salle de spectacle est de 10 mètres de largeur sur 8ᵐ5o de hauteur.

En arrière de la scène et latéralement, se trouve répartie toute l'administration du théâtre comprenant dix huit loges pour premiers et seconds sujets, deux loges pour choristes, hommes et femmes, une bibliothèque, un cabinet pour le Directeur, un foyer pour les artistes, des w. cl. un magasin des décors, une remise pour pompes à incendie, une salle de dépôt pour les musiciens, un corps de garde et un logement pour le gardien. Deux escaliers en fer symétriquement placés et aboutissant aux terrasses supérieures desservent ces diverses pièces où trouvera largement place la troupe la mieux composée.

Dans le soubassement, d'une hauteur moyenne de 5 m. largement aéré par des soupiraux et recevant sur voûtes le plancher de l'avant corps et de la partie médiane se trouve au centre une crypte desservant le parquet et le parterre: un couloir latéral au mur de la salle de spectacle conduit aux water closets.

La mise hors d'eau de l'édifice étant achevée, il ne reste plus qu'à terminer le gros œuvre en tant qu'enduits, carrelages, menuiseries, et parquet avant de passer à la décoration, l'ameublement, la machinerie, les décors, l'installation des conduites d'eau et de canalisation électrique.

La ville devra encore faire d'assez gros sacrifices avant de voir se terminer ce théâtre dont l'achèvement autant qu'on peut prévoir à l'heure actuelle coutera environ 35o.ooo piastres la dépense totale sera d'environ deux millions de francs.

L'entreprise générale de ce bâtiment ayant été donnée par voie d'adjudication comme nous l'avons dit plus haut à MM. Charavy et Savelon, ceux-ci sous-traitèrent les travaux de couverture à M. Delarouzée, les marchés furent adjugés par voie d'appel d'offres à M. Vola enfin un marché de gré à gré fut passé avec M. Bourgouin pour la fourniture des terres cuites et émaux.

La main d'œuvre fut entièrement fournie par les indigènes sous la surveillance constante de M. Morin pour le compte de la ville et par M. Croci pour celui de MM. Charavy et Savelon.

Il est probable que la construction ne sera pas terminée avant trois ans à supposer que la ville trouve en dehors de son budget les ressources nécessaires.

Lorsqu'en 1904 le conseil inscrivit à son budget principal . . . . 107.146 $ 75.
et à son budget supplémentaire. .. . . 45.559, 45.

soit pour 1905 une dépense totale de . . 152.706, 20.
elle dut suspendre en quelque sorte la vie municipale en écrivant
le mot « mémoire » en regard des divers articles travaux neufs,
ouverture de voies, empierrements, extension de la canalisation, égoûts, entretien...

Indépendamment de ces articles qu'il faut chaque année
pourvoir, il est extrèmement urgent de donner sans le moindre
retard à la population une eau potable et plus abondante.

Le tout à l'usine s'impose **sans délai**.

Or la ville ne peut aujourd'hui rien entreprendre, ses regards
demeurant nécessairement et exclusivement tournés vers le
grand théâtre.

Il parait difficile de ne pas rappeler à cette occasion que le
Conseil municipal a consenti à adopter les plans soumis à son
approbation à la suite de promesses de M. le Gouverneur Général Doumer faites à M. l'Inspecteur Baille, M. le premier Adjoint
Mettetal ces deux personnes actuellement en France. La part de
la Ville de Hanoi ne devait pas selon les prévisions de M. le Gouverneur Général à cette époque dépasser les capacités financières
de notre budget. Or, à ce jour sur 520.494 $ 95, dépenses enga-
gées, le Protectorat a versé 190.000 $ et nous avons inscrit à
diverses reprises 330.494 $ 95 qui à 2 f. 40 produisent 800.000 fr.
chiffre dépassant de 300.000 fr. la somme maxima qui selon
M. Doumer, devait incomber à la Ville et il faut encore nous pro-
curer environ 330. 000 piastres.

Les divers budgets dans les limites qui leur ont été impérati-
vement fixées ont apporté leur quote part.

La Ville ne peut désormais trouver les crédits nécessaires qu'à
la condition expresse de continuer à abandonner les travaux
indispensables en rejetant à une époque encore plus éloignée le
« service d'eau et le tout à l'usine », de compromettre les plus graves intérêts de la ville.

La Direction du service de Santé, les Comité et Commissions.
les assemblées élues ne peuvent plus, à cet égard, rien nous ap-
prendre.

Il dépend désormais de la haute intervention de M. le Ministre des colonies que la Ville puisse rapidement mener à bonne
fin le théâtre en cours d'exécution en permettant à plus riche
qu'elle, de lui venir en aide.

A ceux qui reprochent au monument de la rue Paul Bert ses
dimensions excessives il est aisé de répondre qu'il sera demain
à peine suffisant. Voir grand est souvent voir juste,

Et d'ailleurs le théâtre n'est pas destiné aux seuls habitants de
Hanoi mais bien à tous les colons et fonctionnaires du pays que
leurs intérêts ou leurs obligations appellent dans la capitale : on
ne peut donc qu'applaudir en somme à l'idée directrice qui a
présidé à la conception de ce monument et souhaiter à un point

de vue général, que les crédits nécessaires soient affectés à son achèvement.

Qu'on débarrasse donc la Ville aussitôt que possible de cette absorbante préoccupation. Elle sera alors heureuse de livrer le théâtre aux décorateurs, ceux ci prépareront des merveilles artistiques pour nos yeux un peu déshabitués, la Ville s'empressera d'assurer à ses concitoyens les meilleures conditions hygiéniques possibles en substituant à l'eau de Yen Dinh et au système d'égout actuel une eau potable et le tout à l'usine

Puisse la venue de M. le Ministre, impatiemment attendue, hâter cette solution.

Voirie

Au commencement de 1905, les rues ouvertes à la circulation dans le périmètre de la ville, atteignaient une longueur totale de 81 kilomètres.

Sur ces 81 kilomètres de voies, 57 kilomètres sont empierrés, parfaitement entretenus et en partie pourvus de bordures en pierre de taille ou en briques compressées.

L'exécution du plan d'alignement de 1902 qui prévoit le percement de rues nouvelles dans le quartier indigène, portera à 100 kilomètres la longueur du réseau urbain.

Il faut ajouter aux chiffres ci-dessus les voies de la zône suburbaine. -- La longueur de ces voies atteint 55 kilomètres, comprenant 26 kilomètres de voies empierrées ; des plantations les bordent sur une douzaine de kilomètres environ. D'autre part, la route du Grand Lac, nivelée, élargie et empierrée. est à peu près terminée, son exécution porte donc à 30 kilomètres la longueur des voies empierrées de la Zône Suburbaine. --- Plusieurs ouvrages d'art de contruction indigène ont dû être reconstruits et allongés pour le passage de voies de 10 mètres de largeur et le cylindrage à l'aide d'un rouleau à vapeur Albaret.

Trottoirs -- La construction des trottoirs en briques striées avec bordures en pierre de taille a été limitée aux boulevards et rues principales de la Ville européenne en raison du prix de revient élevé : la longueur de ces trottoirs est d'environ 6 kilomètres.

La pose des bordures en pierre de taille et en briques compressées, est activement poursuivie dans les quartiers mixtes et dans la Ville indigène ; à la fin de l'année 1905 toutes les rues du centre de la Ville seront pourvues de bordures. --- Les essais de confection de trottoirs en pierrailles de Bien Hoa ayant donné de bons résultats, ils seront généralisés aux squares et aux promenades, voire même à quelques rues.

Assainissement

Les travaux d'assainissement général ont été poursuivis sans relâche pour mettre la population à l'abri des épidémies, il n'existe plus de mares au centre de la Ville : tous les terrains du quartier urbain ont été exhaussés, nivelés.

Au 1er janvier 1902, il existait à Hanoi dix-neuf kilomètres de longueur d'égouts sur lesquels 1 kilomètre environ était représenté par des égouts à faible section, non visitables et dont le nettoyage était à peu près impossible.

De 1902 à 1905 il a été construit, seulement, sept kilomètres d'égout, ce qui porte à 26 kilomètres la longueur totale des égouts existants.

Ce réseau est encore fort insuffisant, le quartier indigène surtout, est mal desservi ; mais avant de songer à l'augmenter, peut être même à le remanier, il fallait étudier la possibilité du tout à l'égout que le peu de pente des conduites existantes n'autorise pas sans un dispositif spécial, assurant la circulation rapide des eaux vannes et leur épuration c'est pour remédier.à cet état de choses qu'il a été fait appel à l'initiative privée.

Deux projets ont été présentés :

Dans le 1er, celui de M. Jeanne, ingénieur, la Ville est divisée en 4 secteurs ; dans chaque secteur seraient installés deux bassins d'épuration ; les eaux sales et les ordures y seraient refoulées au moyen de chasses d'eau sous pression, en vases clos, de ces bassins les eaux épurées et assainies seraient évacuées dans les cours d'eau. Des fours crématoires permettraient l'incinération des ordures. Des pompes de refoulement établies dans ces 4 secteurs serviraient en plus à l'évacuation des eaux pluviales qui n'ont pas un écoulement naturel suffisant.

Une usine centrale fournirait l'énergie électrique nécessaire à chacune des 4 stations.

Le montant du devis estimatif du projet Jeanne s'élève à 2.460.000 francs environ.

La combinaison financière proposée à la Ville est la suivante:

La Société ferait l'avance à la Ville des fonds nécessaires pour l'exécution du projet.

Les dépenses d'installation ainsi que les intérêts et les frais d'exploitation seraient remboursés à la Société au moyen d'annuités calculées pour un remboursement total en 35 années, ou en 45 annuités suivant le taux des taxes d'assainissement, après quoi la Ville deviendrait propriétaire des installations et n'aurait plus à supporter que les frais d'exploitation.

D'après les calculs de M. Jeanne, le prix de la vidange par habitation reviendrait à 0 $ 807 par mois, c'est-à-dire à un prix inférieur de 0 $ 193 par mois et par habitation à celui que l'on paie généralement. De plus, la Ville pourrait assurer l'évacuation des eaux pluviales sans bourse délier.

Un second projet d'assainissement de la ville de Hanoi a été présenté par M. LIARD le 22 février 1905 ; il comporte l'application du système séparatif avec épuration bactérienne, procédé Howatson et Dibdin (breveté s. g. d. g.) et l'amélioration du réseau pluvial.

La canalisation des eaux vannes desservant toute la ville, comprend un certain nombre de districts ayant chacun, en un point bas central une station de pompage.

C'est une construction souterraine où sont placés un transformateur électrique et deux pompes mûes par moteurs électriques Elle reçoit la canalisation d'eaux vannes et la conduite de refoulement des pompes.

Une conduite maitresse amène la totalité des eaux brutes dans une usine d'épuration, située vers l'extrémité du boulevard Armand Rousseau, entre celui-ci et le fleuve Rouge.

La machinerie de l'usine comporte deux chaudières semi tubulaires deux machines horizontales conduisant chacune un alternateur triphasé 2000 volts- Des pompes sont prévues pour la circulation et l'évacuation des eaux.

Une partie de l'énergie électrique développée actionne ces pompes et assure l'éclairage des lieux, l'autre est dirigée aux stations de pompage par canalisation souterraine.

L'épuration bactérienne -- la chimico-bactérienne a été jugée inutile pour le cas de Hanoi. -- s'obtient par les actions *aerobiques*

Les eaux brutes ne séjournant jamais dans les canalisations depuis l'abonné à l'usine, sont remises à cette dernière dans des bassins de décantation puis des *lits de contact* où se produit la désagrégation de la matière organique par l'action des infiniment petits.

Le montant total du devis est de 2.8oo.ooo, fr. oo pour un service journalier d'une capacité maximun de 22.ooo mètres cubes.

Les appréciations les plus qualifilées recommandant le procédé préconisé.

Au congrès international d'Hygiène et de Démographie, M. Launay l'éminent ingénieur en Chef des Ponts et Chaussées et de l'Assinissement de Paris s'est prononcé en faveur du procédé *aérobique*.

Au Comité consultatif d'Hygiène publique de France dans son rapport M. le Professeur Pouchet a dit en parlant du procédé Howason et Dibdin « On n'en connait pas qui donne d'aussi bons résultats. »

C'est du reste à la suite de ce rapport que M. le Ministre de l'intérieur a autorisé la Ville de Rouen à adopter la proposition Howatson et Dibdin.

En France, en Angleterre, aux Etats Unis, en Belgique, il n'existe pas moins de 60 applications d'épuration mixte ou simplement bactérienne.

La seconde partie du projet a pour but d'utiliser le matériel en double de l'usine d'épuration pour épuiser les eaux pluviales qui inondent le quartier Gambetta (Cote Gare) et faire une dénivellation dans les égoûts pluviaux à l'angle des boulevards Bobillot et Gambetta et de la rue Pavie. On éviterait ainsi le doublement projeté du grand collecteur qui passe sous le boulevard Armand Rousseau, solution insuffisante pour augmenter comme il le faudrait le débit des égoûts en même temps qu'on dégagerait le quartier précité.

Le montant des travaux prévu est de 230.000 f. 00

En définitive la proposition de M. LYARD présente le meilleur procédé d'épuration connu à ce jour ; les nombreuses applications qui en ont été faites répondent aux éloges des savants qui ont eu à l'apprécier.

De plus, M. LYARD trouve une heureuse utilisation du matériel de secours qui donne à la deuxième partie de son projet un caractère séduisant.

Régime des eaux potables de la ville de Hanoi

L'alimentation en eau potable de la Ville de Hanoi est assurée par une Usine située à Yen-Dinh. Cette usine a été édifiée en 94-95-96 par MM. Letellier et Cie aux frais du Protectorat. Le Protectorat s'est ensuite entendu avec MM. Bédat et Dousdebès pour l'exploitation.

L'usine comprend quatre puits d'un débit de 16 litres environ à la seconde. Deux machines verticales à balancier de 150 H. environ marchent à tour de rôle 3 jours de suite. Elles commandent les 4 pompes des puits qui élèvent l'eau dans un réservoir intermédiaire. Enfin chaque machine est munie d'une pompe à commande directe qui refoule l'eau dans les réservoirs de la Ville. Le nombre de tours des machines est de 24 à la minute chaque coup de piston refoule environ 156 litres.

On peut donc, connaissant le nombre de tours effectué, calculer la quantité d'eau élevée. En plus il existe à la sortie de l'Usine un compteur à turbine.

Les réservoirs de la ville sont au nombre de deux et situés l'un près de l'Usine, l'autre à l'autre extrémité de la ville. Leur capacité est de 1200 mètres cubes. Ils assurent en ville une pression moyenne de 13 à 14 mètres d'eau.

La canalisation est en fonte, soit à joints Gibault, soit à joints à emboitement au plomb. Deux conduites principales de 400 relient les réservoirs et englobent la Ville. Les diverses artères sont desservies par un réseau maillé dont les diamètres varient de 300 à 8o. Il existe néanmoins quelques culs-de-sac qui ne sont que provisoires et sont destinés à disparaitre au fur et à mesure de l'extension du réseau.

La longueur totale de la canalisation est voisine de 30 kilomètres.

La distribution publique est assurée par 87 bornes fontaines d'un débit de 2 litres par seconde. Elle sont munies sur le côté d'une prise d'incendie de 40 débitant 4 ou 5 litres par seconde. Le Service d'incendie est, en outre, assuré par 10 bouches d'incendie,

Outre, la distribution publique par les bornes fontaines, l'eau est encore délivrée à l'intérieur des habitations, et dans ce cas, jaugée au compteur. Le système adopté est le Frager. Tous les calibres sont employés depuis 10 jusqu'à 100 m/m

Il existe à Hanoi 182 compteurs ainsi répartis :

        Services civils 29
        Services militaires 23
        Abonnés particuliers. . . 130

La consommation moyenne journalière relevée aux compteurs est de 1300 mètres cubes ainsi répartie :

        Services civils . . . . . . 150 m^3
        Services militaires. . . . 850
        Abonnés 250

D'autre part, l'Usine élève dans les réservoirs 3600 à 4000 mètres cubes par 24 heures. Il en ressort que la consommation publique aux bornes fontaines est de 2500 mètres cubes environ soit 28 mètres cubes par fontaine et par jour.

On a vu tout à l'heure que l'Administration du Protectorat avait confié l'exploitation de l'Usine à un entrepreneur. Le contrat expirera à la fin de 1919. En 1895 le Protectorat a fait remise à la Ville de l'Usine et de l'ensemble de la canalisation. Mais il reste garant solidaire des sommes dûes à l'entrepreneur

Les bases de l'exploitation sont les suivantes : Pour le prix forfaitaire de 110.000 francs, M. BEDAT, entrepreneur, élève chaque jour en 12 heures 2500 mètres cubes dans les réservoirs, ce qui met le mètre cube élevé au prix de 0f12. La quantité d'eau supplémentaire qui peut être demandée, est payée 0,07 le mètre cube. Le mètre cube coute donc en réalité environ 10 centimes. Il est revendu aux abonnés au compteur suivant un tarif dégressif qui varie de 20 centimes pour les gros consommateurs à 40 centimes le mètre cube pour les petits.

Malgré cette différence importante entre le prix d'achat et le prix de vente et à cause de l'énorme consommation qui se fait aux fontaines publiques, les décomptes d'exploitation en fin d'année sont loin de se chiffrer par un excédent de recettes. En 1904 le déficit a été de 65.000 francs en chiffres ronds. La marche de l'exploitation depuis le début de l'année ne permet pas de prévoir pour 1905 une importante réduction de ce chiffre.

Si l'on compare les consommations d'eau d'une année à l'autre on s'aperçoit qu'elles suivent une progression très rapidement croissante. La différence est de 10 à 15 %.

D'autre part, le débit des puits étant limité il était à craindre qu'un moment ne vienne où l'Usine actuelle ne pourrait plus suffire à la consommation. Préoccupée de cet état de choses l'Administration des Travaux Publics a élaboré un projet d'extension de l'Usine. Ce projet consiste à créer au fur et à mesure des besoins croissants de la Ville de nouveaux puits munis d'une pompe centrifuge commandée électriquement. Un premier puits a été commencé il y a deux ans mais n'est pas encore terminé à l'heure actuelle.

Le forage de ces puits et l'envoi de l'eau dans la canalisation existante a donné naissance à un procès entre cette administration et l'entrepreneur M. BEDAT, qui prétend avoir le monopole de la fourniture de l'eau et lui dénie le droit de se servir des canalisations qu'il prétend pouvoir seul utiliser pendant la durée de son contrat.

Eclairage public

La ville de Hanoï est éclairée partie à l'Electricité partie au Pétrole.

Éclairage Électrique. — L'éclairage électrique, tant public que particulier, est effectué par les soins de la Société Indo-Chinoise d'Electricité (société anonyme au capital de 2. 800.000 f) qui possède et exploite également l'Usine de Haiphong. Par contrat en date du 6 décembre 1892 le monopole de l'éclairage électrique a été concédé à cette Société dans un secteur qui s'étend sur les deux tiers de la ville environ.

L'Usine est située au centre de la ville, boulevard Francis Garnier sur les bords du Petit Lac. Elle occupe une surface de 2.700 mètres carrés environ.

Elle comprend une batterie de 5 chaudières semi tribulaires à bouilleurs, d'une surface totale de chauffe de 750 mètres carrés et alimentant :

1° Deux machines verticales Weyher et Richemond compound, à condensation, qui actionnent chacune deux dynamos à six pôles d'une puissance de 60 kilowatts tournant à raison de 550 tours par minute ;

2° Deux machines Farcot horizontales à 4 tiroirs à détente variable par régulateur et commandant chacune deux dynamos à 8 pôles d'une puissance de 150 kilowatts Ces dynamos font 350 tours environ à la minnte.

L'Usine possède en outre pour parer aux à-coups une batterie d'accumulateurs « Tudor » de 288 éléments avec un survolteur.

La puissance totale de l'Usine est d'environ 1500 H P.

L'énergie est distribuée sous forme de courant continu et sous la pression de 240 volts. Le réseau est établi en toile d'araignée à trois conducteurs Il est entièrement bouclé sauf quelques exceptions destinées à disparaitre au fur et à mesure à l'achèvement définitif du réseau.

Un tableau de distribution situé dans la salle des machines, muni de volt-mètres et d'ampère-mètres enregistreurs permet le règlage, de la tension en ville au moyen de vingt et un feeders.

La canalisation est entièrement aérienne et supportée par des pylônes et fers à T. d'une hauteur de 6 à 8 mètres.

L'éclairage public fonctionne toute la nuit, il comprend 58 lampes à arc de 600 bougies réparties au centre de la ville autour du petit Lac, Square et rue Paul Bert. Quai du Fleuve Rouge. Il comprend en outre 685 lampes à incandescence de 16 bougies distantes entre elles de 35 mètres environ. Enfin le Conseil Municipal vient de voter l'installation de 134 foyers nouveaux ce qui portera leur nombre à 719, s'étendant sur une longueur de presque 30 kilomètres et distribuant sur ce vaste parcours une intensité lumineuse de plus de 46.000 bougies.

L'éclairage électrique des rues coûte à la ville environ 180.000 francs par an.

L'énergie est également distribuée aux particuliers et vendue soit à forfait soit au compteur. — Les prix sont calculés à raison de 0 f, 80 le kilowatt heure.

Le premier contrat passé entre la Ville et la Société est daté du 6 Décembre 1892. — Il a été successivement modifié par deux actes additionnels en date du 1er Décembre 1900 et du 23 Janvier 1902.

L'objet principal du premier de ces deux nouveaux contrats a été la règlementation des tarifs et des conditions techniques d'installation des conducteurs de distribution tant publique que privé.

Le 2e acte additionnel concède à la Société Indo-Chinoise d'Electricité une extension importante de son périmètre.

Eclairage au pétrole. — L'éclairage au pétrole de la Ville de Hanoï s'étend tant en dehors du périmètre concédé pour l'éclairage électrique qu'à l'intérieur de ce périmètre dans les voies qui ne sont pas encore canalisées.

L'éclairage au pétrole est mis chaque année en adjudication en deux lots.

Les lampes sont à bec rond de 14 lignes et d'un modèle uniforme ainsi que les pylônes et lanternes. — pour 1905 le prix de la lampe nuit est d'environ 0f,096.

Il y a en Ville 639 becs qui couvrent une lóngueur de 15 kilomètres.

L'éclairage au pétrole coûte à la Ville 20.000 f par an environ.

Eclairage à l'Acétylène. — A titre d'essai, il a été placé depuis le mois d'Avril aux trois entrées du jardin botanique un bec intensif à acétylène. — Les résultats paraissant être fort satisfaisants ; le Conseil Municipal a voté l'adoption de ce mode d'éclairage pour le quartier du Grand Bouddha.

Son prix de revient est à peu près le même que celui de l'électricité.

Il donne une intensité au moins égale.

Compagnie des Tramways Electriques d'Hanoï et extensions

Une Société anonyme au Capital de 2.750.000 francs, a obtenu par contrat du 2 mai 1899 passé entre le Protectorat et la Ville de Hanoï et MM. Courret, Krug et Durant Frères la concession d'un réseau de tramways électriques de douze kilomètres de longueur, desservant Hanoï et sa banlieue.

L'ensemble du réseau, alimenté par des courants continus variant entre 500 et 600 volts, comprend trois lignes qui convergent toutes au centre de la ville, sur la place de Négrier à l'extrémité nord du Petit Lac, savoir :

1. ligne A — Place de Négrier à Bach-Mai . . . 3524,m50
2. ligne B — Place de Négrier au village du
   Papier : 5433, 67

3· ligne C — *Place de Négrier au village (du Kinh
           Luoc) de Thai Ha Ap* : 4131, 91
       Soit une longueur totale de: 13101, 08

En outre, dans le but d'étendre le réseau actuel des Tramways électriques, en vue de desservir d'une manière plus complète la Ville de Hanoi et sa banlieue, les extensions projetées qui sont :

1· prolongement de la ligne C de la pagode des Corbeaux au poste de police Grand Bouddha où elle se rejoint à la ligne B, branchement greffé sur la ligne C à hauteur de la place Neyret et allant jusqu'au Pont du Papier (Route de Sontay).

2· prolongement de la ligne B, de la place du Charbon jusqu'au quai du Commerce en passant par la rue des Graines.

3· prolongement de la ligne A jusqu'à la route circulaire.

Ces divers tronçons atteignent une longueur de : **8.100^m**

La Ville de Hanoi prend, en effet, chaque jour une importance de plus en plus considérable et l'intensité sans cesse croissante de sa vie administrative, industrielle et commerciale, nécessite des moyens de transports plus étendus et répondant mieux à ses besoins.

Usine – Materiel

L'usine a été construite en 1900.

La station génératrice comprend trois puissants groupes électrogènes de 150 kilowatts dont un seul suffit actuellement amplement à produire l'énergie nécessaire pour l'exploitation des treize kilomètres de lignes concédées.

L'extension projetée de 8.100^m portera donc le réseau actuel à 21 kilomètres 200 mètres et empruntera son énergie au deuxième groupe électrogène, laissant entièrement libre le troisième pour parer à toute éventualité

Chaque groupe électrogène est composé d'une machine à vapeur verticale Compound Harlé d'une force de 200 chevaux, commandant par courroie une dynamo Alioth Buise.

Le mode de traction employé est le système à Trolley avec voitures automotrices et remorques.

Le nombre des voitures automotrices est actuellement de vingt deux et celui des remorques de 15.

L'équipement électrique de chaque voiture comprend deux grands moteurs de 25 chevaux chacun.

Recettes. — Les recettes et les dépenses d'exploitation ont été les suivantes :

	Recettes	Dépenses		
1902 :	48.660	57.945	perte	9285 piastres.
1903 :	61.477	62.114	perte	637 »
1904 :	70.132	58.516	bénéfice	11.616 »

Ces chiffres sont assez éloquents et font présumer dès maintenant que l'exercice 1905 donnera des résultats plus appréciables encore.

Situation Financière

Budgets Municipaux

La progression des bugets de la ville de Hanoi est intéressante à noter, parce qu'elle marque un développement régulier et intêrrompu d'année en année.

Elle s'établit ainsi qu'il suit :

```
Exercice 1897 : 252.285 » 00
         1898 : 338.860,  00
         1899 : 379.195,  00
         1900 : 579.639,  00   (A) 1er vers' de 500.000 f. 209.422 » 77
         1901 : 686.809,  00   (B  2e              id          208.360,  37
         1902 : 805.876,  00   (C) 3e              id        . 211.625,  72
                                de l'emprunt municipal de 1.500.000 f. 00
         1903 : 748.629,  23
         1904 : 770.663,  50
         1905 : 835.990,  46
```

Le budget de la ville de Hanoi a donc presque quadruplé en moins de neuf années,

Le budget de l'exercice 1905 décompté par prudence au taux de 2 f. 20 (alors que le taux actuel est à 2 f. 40) donne un budget de plus de deux millions de francs qu'ambitionnerait certainement bon nombre de nos grandes villes de France.

Contributions directes

On a vu au début le développement de la Ville, au point de vue des constructions nouvelles édifiées chaque année depuis 1897, il est intéressant de faire connaître maintenant, au point de vue financier, la progression de l'impôt foncier qui est la suivante :

Impot foncier

L'assiette de l'impôt foncier est régie par les arrêtés des 30 Décembre 1888, 5 Janvier 1902 et 31 Décembre 1904.

Par arrêté de M. le Gouverneur Général, en date du 5 Janvier 1902, une taxe additionnelle de 5% à titre de « non valeurs » a été ajoutée au principal de cet impôt.

Progression de l'impùt foncier de 1897 à 1905.

```
1897 droits constatés   23.952 » 44 en moins     248 » 83.
1898      id.           24.786,  31 en plus       833,  87.
1899      id.           26.635,  88 en plus      1849,  57.
1900      id.           26.278,  09 en moins      357,  79.
1901      id.           26.774,  56 en plus       496,  47.
1902      id.           53.766,  96 en plus     26992,  40.
1903      id.           55.748,  36 en plus      1981,  40.
1904      id.           53.215,  17 en moins     2533,  19.
1905      id.           66.525,  61 Rôle primitif.
```

Les rôles supplémentaires de l'exercice 1905, actuellement en préparation atteindront environ 2500 ₹ ce qui porte le rôle foncier de l'exercice 1905 à 69.025 $ 61 c'est-à-dire en augmentation de 15.810 ,00 sur l'exercice précédent,

Cette augmentation très sensible de l'impôt foncier provient de la classification récente de certaines voies (arrêté du 31 décembre 1904) qui, par suite des aménagements apportés dans la Voirie, l'eau et l'éclairage de ces voies les ont fait passr dans une catégorie supérieure, et surtout de l'imposition des constructions nouvellement édifiées.

Il convient également d'ajouter que l'établissement des rôles a été fait cette année avec une compétence et une activité auxquelles l'Administration municipale tient à rendre hommage. Ce service avait été, en effet, particulièrement négligé, depuis quelques années.

La moins value de 2533 $ 19 qui existe en 1904 résulte, de l'établissement d'un rôle spécial distinct de l'impôt foncier, pour « la location des terrains communaux » Ce rôle s'est élevé à une somme couvrant largement la moins value indiquée.

Location de terrains communaux

A partir du 1ᵉʳ janvier 1904, les locations de terrains communaux, font l'objet d'un role spécial.

Les arrêtés qui servirent de base à l'établissement du dit rôle, furent ceux des 15 mars 1892 et 5 janvier 1902. A compter du 1ᵉʳ janvier 1905, les terrains du domaine municipal occupés par des particuliers sans conventions spéciales avec la ville, sont assujettis à une taxe annuelle de location dont la perception donnera lieu comme en 1904, à l'établissement d'un rôle spécial.

La quotité de la taxe à appliquer est le double de l'impôt foncier auquel seraient assujettis ces terrains, d'après la classification définie aux arrêtés des 5 janvier 1902 et 31 décembre 1904.

Cette taxe locative est assimilée à l'impôt foncier et frappée comme telle des 5 o/o additionnels perçus sur les impôts directs.

Le montant du role pour 1905 peut être évalué à 2.500 $ 00.

Impôt des patentes

Pour l'impôt des patentes, régi par les arrêtés des 15 avril 1890, 5 janvier et 7 février 1902 et 2 février 1904 la progression est la suivante :

Progression de l'impôt des patentes

1897	droits constatés --	55.662 $ 19	en moins :	7 $ 22
1898	---	57.557, 99	en plus :	1894, 80
1899	---	61.305, 59	en pius :	3747, 60
1900	---	62.307, 23	en plus :	1001, 64
1901	---	64.770, 29	en plus :	2463, 06
1902	---	82.217, 99	en plus :	17447, 70
1903	---	104.526, 60	en plus :	22308, 61
1904	---	126.106. 08	en plus :	21579, 48
1905	--	Cet impôt est resté stationnaire.		

Le chiffre des prévisions n'est pas sensiblement supérieur aux droits constatés en 1904.

Impôt de capitation

La délivrance des cartes de séjour aux asiatiques étrangers habitant la Ville de Hanoi est règlementée par les arrêtés des 27 décembre 1886, 13 mars 1889, 11 mai 1889, 14 avril 1893, 15 décembre 1893, 1er juin 1897, 11 septembre 1897, 5 aout 1901, et 5 janvier 1902.

Progression de l'impôt de capitation

1897 droits constatés :	13.648 \$25	en plus :	2.472 \$75.
1898 —	16.291, 00	en plus :	2.642, 75.
1899 —	17.196, 38	en plus :	905. 38.
1900 —	16.675, 89	en moins :	52o, 49.
1901 --	17.484, 14	en plus :	809, 25.
1902 ---	20.306, 54	en plus :	2.822, 40.
19o3 ---	23.5oo, 68	en plus :	3.194, 14.
19o4 ---	26.o9o, 41	en plus :	2.589, 75.

Le rôle primitif de l'exercice 1905 s'élève actuellement à 14.226 \$ o8 ce qui permet d'escompter que le chiffre des droits constatés, l'année précédente sera sûrement atteint.

Impôt personuel. — Taxe municipale

Les annamites habitant la ville de Hanoi étaient, jusqu'en 19o4, soumis à l'impôt personnel comme les inscrits des provinces du Tonkin. Cet impôt personnel a été remplacé à compter de 19o4 par une « taxe municipale » frappant sans exception tous les annamites hommes, âgés de plus de 16 ans et de moins de 60 ans, habitant la ville de Hanoi. Elle fut prévue aux budgets de 1904 et 1905 pour la somme de 5o.000 piastres. Au début de son application le manque absolu de toute sanction pénale en rendit la perception très difficile.

Un nouvel arrêté pris à la date du 20 septembre 19o4 par M. le Gouverneur Général frappant d'une amende égale au double de la taxe et sans préjudice du paiement de cette dernière, tous les contrevenants, permet d'espérer sans témérité aucune, que la prévision budgétaire de 5o.000 piastres inscrite à nouaeau en 19o5 sera couverte, la ville ayant déjà encaissé à l'heure vctuelle la moitié de la prévision soit : 25.0oo piastres.

Progrossion de l'Impôt personnel et Taxe Municipale

En 1897 il a été recouvré :	7.972 piastres.		
1898 —	8.794,oo	en plus :	822,oo
1899 —	8.956,oo	en plus :	162.oo
19oo —	9.1o6,3o	en plus :	15o,oo
19o1 —	9.458,oo	en plus :	251,7o
19o2 —	1o.664,9o	en plus :	1.2o6,9o
19o3 —	11.933,5o	en plus :	1.278.6o
19o4 Taxe municipale :	27.54o,oo	en plus :	15.6o6,5o
19o5 actuellement (2o Juin 19o5)	(24.900 piastres).		

L'annamite habitant Hanoi, bien qu'assujetti à des impôts qu'il ne paie pas ailleurs, ou qu'il paie sous une autre forme, trouve néanmoins avantage à habiter la ville, dont le luxe et le développement lui procurent un salaire ou des bénéfices bien plus rémunérateurs, tout en lui assurant une vie plus large et plus agréable.

Contributions indirectes

Le rendement des marchés, des abattoirs et des pousse-pousses, est également en progression constante et indique d'une manière frappante le développement du mouvement et de la vie économique de notre Ville.

	Marchés :	Abattoirs :	Pousse-Pousses
Exercice 1897 :	45.095 $ 94	16.064 $ 72	26.530 $ oo
1898 :	46.845, 95	15.997, 99	32.165, oo
1899 :	59.300, 04	17.857, 18	32.755, oo
1900 :	63.139, 95	19.157, 64	40.450, oo
1901 :	71.773, 72	20.742, 31	43.370, oo
1902 :	114.210, 22	26.345, 93	48.620, oo
1903 :	115.901, 32	28.139, 80	59.175, oo
1904 :	125.683, 74	42.860, 42	59.250, oo
1905(au 31 mai) :	(47.820, 12)	(15.024, 18)	(27.770, oo)

Ce qui revient à dire que :

Les marchés rapportent : 1o.5oo f par mois soit : 85o f par jour
Les Abattoirs   —   4.ooo f   —   35o f —
Les pousse-pousses —   5.ooo f   —   4oo f --
            Totaux :   19.5oo f par mois soit : 16oo f par jour

ÉTAT CIVIL DE LA VILLE DE HANOI

RELEVÉ numérique des naissances, décès, mariages, divorces et reconnaissances, de l'année 1876 à l'année 1904 inclus.

ANNÉES	Naissances	Mariages	Décès	Reconnaissances	Divorces
1876	»	»	10	»	»
1882	»	»	12		
1883	1	»	55		
1884	»	»	278		
1885	5	»	165		
1886	2	5	14		
1887	»	3	29		
1888	7	»	20	2	
1889	14	»	28		
1890	14	2	84		1
1891	14	2	115	2	
1892	13	3	49	7	
1893	22	2	59	5	
1894	23	3	62	6	
1895	18	5	72	7	
1896	34	7	107	8	1
1897	38	8	77	10	1
1898	42	5	57	19	
1899	57	10	65	25	
1900	71	15	73	26	
1901	70	15	83	20	1
1902	90	21	105	22	1
1903	91	23	131	33	1
1904	91	44	116(1)	26	»

(1) Le Chiffre de 116 décès en 1904 doit être en réalité ramené à 82 si l'on veut bien considérer que 17 malades sont venus de l'intérieur, mourir à l'hôpital de Lanessan, 10 enfants sont venus au monde sans vie et enfin que 7 numéros du registre concernent des rectifications après jugement

Car il y a lieu de remarquer que la Ville de Hanoi est le siège d'un immense hôpital sur lequel sont évacués un grand nombre de malades civils et militaires de l'intérieur et que les chiffres de mortalité qui sont indiqués ne sauraient être imputables à la Ville seule.

Le chiffre des naissances des enfants Européens voir même celui des mariages est beaucoup plus instructif car ils marquent la progression sans cesse croissante de la population Européenne qui est à l'heure actuelle d'environ 3000 âmes.

En résumé, sous quelque forme que l'on consulte la statistique, les chiffres qu'elle accuse sont en tous points de nature à prouver le développement remarquable et continu de la Ville de Hanoi, considérée à juste titre comme une des plus belles capitales d'Extrême Orient.

Le Secrétaire Général de la Mairie,
ED. VAN BAVESCHAT

Vu :

Le Maire de Hanoi,
F. GAUTRET.

TABLEAU COMPARATIF

Des Recettes effectuées dans le courant des exercices 1891, 1892, 1893, 1894, 1895, 1896, 1897, 1898, 1899, 1900, 1901, 1902, 1903, 1904.

NOMENCLATURE	EXERCICE 1891	EXERCICE 1892	EXERCICE 1893	EXERCICE 1894	EXERCICE 1895	EXERCICE 1896	EXERCICE 1897	EXERCICE 1898	EXERCICE 1899	EXERCICE 1900	EXERCICE 1901	EXERCICE 1902	EXERCICE 1903	EXERCICE 1904
Prévisions budgétaires (Budgets primitifs)	128.598.87	124.514.67	131.826.91	125.477.58	168.62o.12	253.662.63	252.285.oo	338.86o.oo	379.195.o	576 639.77	686.8o9.o3	8o5.876.o5	589.976.57	719.598.oo
	piastres	piastres	piastres	piastres	piastres	piastres	piastres	piastres	piastres	piastres	piastres	piastres	piastres	piastres
Remboursement par l'hopital des frais d'enterrement	»	»	»	»	»	»	»	»	»	»	»	»	2.191.49	1.736.49
Recettes scolaires	»	»	»	»	»	»	»	»	»	»	»	1.379.o2	1.717.58	1.651.83
Rembt. par les abonnés au service des eaux des frais de branchement	»	»	»	»	»	»	»	»	»	»	»	3.113.59	2.998.62	3.932.86
Location de l'exploitation du Chàlet-buffet	381.oo	135.oo	45.5o	28.5o	7o.45	63.86	141.1o	62·92	196.81	214.49	64.3o	27.oo	14o.oo	137.5o
Ferme du Mont de piété de la Ville	3.225 o8	3.453.48	3.2oo.oo	3200.00	3.2oo.oo	3.2oo.oo	3.199.92	6.199.98	7.2oo.oo	7.2oo.oo	7.2oo.oo	7.2oo.oo	16.812.oo	16.812.oo
Ferme de la pêche dans le lac de Truc-Bach	322.58	322.58	322.58	316.oo	475.oo	2oo.oo	28o.oo	24o.oo	641.oo	2oo.oo	2oo.oo	2oo oo	85o.oo	85o.oo
Location de terrains publics	»	386.25	335.52	352.47	667.81	1.222.73	1 o3o.62	915.1o	1.177.88	1.444.o9	1.253.35	2.873.85	2.538.o3	6.959.95
Droit de pâturage	»	»	»	»	»	»	»	»	»	»	»	»	»	»
Impôt foncier	4.81o.49	11.644.37	14.814.54	15.255.37	18.611.51	2o.85o.11	22.659 76	22.1o2.27	23.994.99	24.9o2.37	24.7o7.o1	5o.441.o2	52.773.49	5o.174.8o
Impôt des patentes	9.46o.88	25.153.15	27.229.o1	33.262.41	37.865.79	52.44o 28	51.59o.62	5o.596.o2	53.972.6o	57.417.48	6o.555.37	76.oo5.o7	96.817.49	115.3o9.43
Capitation des asiatiques étrangers	3.934.17	8.78o.oo	9.467.5o	1o.226.5o	9.784.44	11.165.5o	13.635.55	16.264.77	17.oo8.o7	16.667.69	17.484.14	2o.282.39	23.483.86	26.o9o 71
Corvées des inscrits indigènes	2.o51.oo	2.766.oo	2.9o2.oo	3.67o.oo	4.541.7o	5.476.97	7.972 oo	»	»	»	»	»	»	»
Impôt personnel des inscrits indigènes	»	553.2o	58o 4o	734 oo	1.o67.6o	»	»	8.794.8o	8.956.9o	9.1o6.3o	9.458.oo	1o.664.9o	11.933.5o	27.54o.oo
Bacs du fleuve Rouge	1.264.89	2.229.oo	2.58o.oo	2.58o.oo	2.58o.oo	2.58o.oo	2.58o.oo	2.58o.oo	2.58o.oo	2.58o.oo	2.58o.oo	645.oo	»	»
Produit des marchés	9.848.oo	8.823.32	1o.353.22	25.869.23	4o.224.27	39.433.33	45.o95.94	46.845 95	59.5oo.o1	63.139.95	71.773.72	114.21o.22	115.9o1.32	125.683.74
Produit des abattoirs	14.3o1 75	13.4o8.86	12.21o.56	12.885.7o	15.892.97	16.431.97	16.o64.72	15.9o7.99	17.857.18	19.137.64	2o.742.31	26.345.93	28.139.8o	42.86o.42
Droits d'amarrage de barques	1.o75.oo	2.134.6o	2.867.9o	4.46o.4o	5.382.4o	5.322 7o	5.394.5o	3 692.2o	4.7o7.1o	4.8o9 9o	5.543.6o	5.293.6o	3.474.5o	4.239.3o
Dépôts de matériaux	»	»	»	»	424.63	1.o51.25	1.548.7o	1.4oo.1o	1.872.97	1.574.74	3.o67.79	3.278 46	2.985.o3	4.6o8.84
Droits divers de voirie	2.129.56	2.888.59	2.673.84	3.592.48	4.774.oo	4.657 6o	4.813.o2	4.499.67	4.648.89	4.625.19	4.994.24	4.961.72	5.o52.78	7.395.62
Produit des fourrières	223.95	721.72	958.51	1.o65.2o	1.163.77	929.7o	797.91	537.68	77o.64	731.7o	1.122 62	1.111.18	1.193.22	9oo.34
Vente des livrets de boys	482.78	343.75	188 85	2o4.7o	22o.35	25o.4o	278.8o	16o.4o	1.o51.25	517.35	856.6o	961.55	1.233.75	472.2o
Vente de cartes aux filles publiques	447.oo	9o7.oo	1.o7o.oo	1.157.oo	1.112.oo	1.399.oo	1.348.oo	1.2o2.oo	1.o9o.oo	1.19o oo	1.484.oo	1.524.oo	1.6o9.oo	»
Légalisation de signatures	»	814.9o	59.oo	87.oo	1o8.6o	85.2o	91.8o	85.2o	1o8.8o	146.2o	142.6o	169.6o	252.2o	»
Permis de circulation de nuit sans fanal	96.oo	128.oo	264.oo	2oo.oo	156.oo	168.oo	149.oo	124.oo	76.oo	»	»	»	»	»
Permis de tir de pétards	133.65	133.5o	161 7o	154 35	147.75	163.35	137.7o	139.35	153.9o	167.55	138.9o	399.75	416.4o	379.5o
Droits de fosse et concessions	52.oo	22o.5o	21o.oo	219 oo	288.oo	455.oo	423.o4	422.oo	226.oo	333.oo	638.46	713.42	1.o12.79	4.9o6.oo
Expédition de plans, actes et certificats divers	57.85	49.65	32.oo	26.4o	46.58	4o.2o	73.2o	71.9o	113.4o	2o7.oo	23o.84	21o.24	245.7o	215 1o
Amendes diverses	8o.27	634.85	726.72	976 59	797.12	1.6o6.o7	386.27	437.67	875.12	963.45	27o.52	1 oo8.51	1.475.84	1.818.8o
Produit de l'exploitation des pousses	17.625.oo	17.57o.oo	2o.915.oo	22.47o.oo	26.o95.oo	3o.465.oo	26.53o.oo	32.165.oo	32.755.oo	4o.45o.oo	43.37o.oo	48.62o.oo	59.o75.oo	59.25o.oo
Vente de terrains communaux	3.4o4.87	333.15	292.49	5.881.18	23.o68.3o	8.469.6o	8.84o.64	7.923.46	4.291.74	3.417.4o	3.125.46	263.2o	178.5o	1o.386.95
Dons et legs	»	»	»	»	»	»	»	»	»	»	89.15	»	»	»
Indemnité du contrôleur du Mont de piété	»	15o.oo	24o.oo	24o.oo	24o.oo	24o.oo	24o.oo	33o.oo	36o.oo	35o.oo	36o.oo	»	»	»
Remboursement de la part incombant aux propriétaires dans les dépenses de construction de trottoirs	»	»	»	»	»	»	»	»	»	»	1.845.92	2.834.86	2.175.74	449.55
Recettes diverses et accidentelles	596.79	1.68o.98	1.925.34	1.916.37	2.8o3.89	6.397.49	2.367.24	5.899 o7	5.282.38	16.416.74	7.932.19	48.285.76	5.3o1.43	7.968.13
Parts contributives du Protectorat dans les dépenses de :														
Grande voirie et travaux neufs	31.34o.oo	4.ooo.oo	4.ooo.oo	4.ooo.oo	4.ooo.oo	65.589.oo	64.643.oo	1o.1oo.oo	18.8oo oo	18.8oo.oo	4.ooo oo	4.ooo.oo	22.4oo.oo	22.4oo oo
D'éclairage électrique	»	»	»	»	1o.ooo.oo	1o.ooo.oo	1o.ooo.oo	1o.ooo.oo	1o.ooo.oo	1o.ooo.oo	1o.ooo.oo	1o.ooo.oo	»	»
Des écoles françaises de garçons et de filles	»	»	»	»	»	1o.836.81	1o.ooo.oo	1o.1oo.oo	1o.865.oo	1o.865.oo	13.ooo.oo	15.ooo.oo	2o.ooo.oo	1o.555.45
Construction du groupe scolaire	»	»	»	»	»	»	1o.ooo.oo	1o.oo.ooo	1o ooo.oo	»	»	»	»	»
Du personnel de la voirie détaché du service des Travaux publics	»	»	»	»	»	»	»	5.ooo.oo	5.5oo.oo	5.5oo.oo	5.5oo.oo	5.5oo.oo	5.5oo.oo	5.5oo.oo
Du personnel de la police municipale	»	»	»	»	7154.oo	1o.ooo.oo	1o.ooo.oo	1o.ooo.oo	1o.ooo.oo	1o.ooo.oo	1o.o8o.oo	6.ooo.oo	885.oo	886.oo
Du théâtre	»	»	»	»	»	»	»	8.7oo oo	8.7oo.oo	»	18.4oo.oo	36.4oo.oo	1oo.ooo.oo	1oo.ooo.oo
Du service des eaux	»	»	»	»	»	2o.467.3o	1o.954.oo	22.ooo.oo	22.835.63	3o.814.25	55.193.68	46.499.o6	33.752.o5	28.573.31
Exploitation des eaux	»	»	»	»	»	»	2.592.62	3.962.72	3.424.35	3.782.75	6.o12.47	4.761.93	21.511.99	26.98o.5o
Excédent de l'exercice clos	613.61	3.o55.74	17.62o.45	15.641.68	19.168.83	45.28o.94	75.182.5o	49.827.o2	33.83o.15	45.958.88	47.5o9.69	47.966.32	4o.699.57	37.634.67
Reliquat des sommes non employées sur le 1er versement de l'emprunt municipal	»	»	»	»	»	»	»	»	»	»	82.514.1o	41.843.47	36.747.79	»
Restes à recouvrer	2.189.57	2.526.61	68.o4	133.38	7o4.55	1.635.96	2.983.58	955.1o	1.141.49	6.344.79	5.673.56	3.296.75	5.1o5.12	7.647.28
Rachat des huiles et marchés (Prêt du Protectorat)	»	»	»	27.ooo.oo	»	»	»	»	»	»	»	»	»	»
Produit des taxes recouvrées sur les propriétés cadastrées	»	»	7519.84	6.o5o.o8	743.91	»	»	»	»	»	»	»	»	»
Fêtes russes (Part du Protectorat)	»	»	»	2.ooo.oo	»	»	»	»	»	»	»	»	»	»
Emprunt municipal 1er et 2e versements	»	»	»	»	»	»	»	»	»	»	197.1o3.79	2oo.o75.96	226.o54.74	»
Impôt frappant les terrains non bâtis	»	»	»	»	»	»	»	»	»	»	»	1.o42.28	1.o14.o6	2.o77.7o
Taxe sur les terrains vagues	»	»	»	»	»	»	»	»	»	»	»	»	»	»
Bouages et vidanges	1.o72.96	»	5.354.41	»	»	»	»	»	»	»	»	»	»	»
Passeports	6o9.oo	»	»	»	»	»	»	»	»	»	»	»	»	»
Droits d'enregistrement	58.25	»	»	»	»	»	»	»	»	»	»	»	»	»
Remboursement d'avance au fermier des marchés	3.8o5.61	3.o4o.37	1.788.31	»	»	»	»	»	»	»	»	»	»	»
Remboursement des frais du dispensaire	44o.oo	»	»	»	»	»	»	»	»	»	»	»	»	»
Remboursement des frais d'hôpital	9.5o	7.726.oo	»	»	»	»	»	»	»	»	»	»	»	»
Subvention pour expropriations	»	»	»	»	»	»	»	»	»	»	»	»	»	»
Totaux des recettes effectuées	116.o23.o6	128.715.1o	152.974.23	2o5.836.6o	243.651.26	378.575.32	427.748 73	37o.734.92	377.655.28	617.o89.49	749.o61.o5	965.388 49	729.o95.64	764.985.87
Subventions allouées par le Protectorat	31.34o.oo	11.726.oo	11.51o.84	37.ooo.oo	21.154.oo	116.893.11	179.297.9o	86.3oo.oo	88.ooo.63	85.979.25	116.o93.68	1o7.399.o6	182.538.o5	167.914.76
Totaux des recettes réellement effectuées dans la ville, déduction faite des subventions du Protectorat	84.683.o6	116.989.1o	141.454.39	16o.736.44	222.497.26	261. [illegible]	298.45o.83	284.434.92	289.654.65	531.11o.24	632.967.37	757.989.43	547.157.59	597.o71.11